2013년 3월 25일 초판 1쇄 발행 | 2013년 3월 20일 초판 1쇄 인쇄

글 박신식 | 그림 상명

펴낸이 정태선
기획·편집 안경란·이소영 | 디자인 고정자·이상명 | 마케팅 김현우

펴낸곳 파란정원 | 출판등록 제395-2010-000070호
주소 서울시 서대문구 홍제동 90-15 2층 | 전화 02-6925-1628 | 팩스 02-723-1629 | 전자우편 eatingbooks@naver.com
출력 스크린출력 | 종이 진영지업 | 인쇄 조일문화인쇄사 | 제본 경문제책사

글ⓒ박신식 2013
ISBN 978-89-94813-38-7 63710

이 책은 저작권법에 따라 보호받는 저작물이므로 무단전재와 무단복제를 금지하며,
이 책 내용의 전부 또는 일부를 이용하려면 반드시 저작권자와 파란정원의 동의를 얻어야 합니다.
*잘못된 책은 구입하신 서점에서 바꿔 드립니다.

재미있고 똑똑한 국어 말놀이

글 박신식 | 그림 상 명

파란정원

● 작가의 말 ●

재미있는 말놀이로 국어의 밑거름을 다지자!

　여러분은 국어에 대해 어떻게 생각하고 있나요? 대부분의 친구는 우리 말인 국어를 쉽게 여겨, 따로 공부하지 않아도 된다고 생각해요. 하지만 국어를 공부하지 않으면 다른 공부에서도 좋은 결과를 얻기 어려워요. 그건 바로 국어가 우리말과 우리글을 이해하는 능력으로 모든 공부의 밑바탕이 되기 때문이에요.

　그래서 《재미있고 똑똑한 국어 말놀이》에서는 어휘력과 창의력을 기르기 위해 1, 2학년 국어 교과에 나오는 활동들을 중심으로, 재미있게 놀이하듯이 어휘와 친해지고 쉽게 익힐 수 있도록 구성했어요.

　먼저 암호 풀이, 동서남북 퍼즐, 끝말잇기 놀이 등으로 어휘력의 기초를 다듬고, 낱말 소리내기, 빨리 말하기 등의 놀이로 정확하게 말하는 능력을 기르도록 했어요. 또, 소리나 모양을 흉내 내는 말, 비슷한 말과 반대말, 띄어쓰기, 속담 등의 교과 연계 활동을 통해 든든한 국어의 밑거름을 다질 수 있을 거예요.

말놀이 선생님 박신식

● 차례 ●

1장 ● 암호를 풀어라　006

2장 ● 개 중에서 가장 빠른 개는?　022

3장 ● 흉내 놀이 해볼까?　038

4장 ● 반대말이 뭘까?　054

5장 ● 거무스레하다는 게 무슨 뜻일까?　070

6장 ● 말놀이 동시　086

7장 ● 나랑 놀아요? 저랑 놀아요?　102

8장 ● 소리 나는 대로 받아쓰기　118

9장 ● 뒤죽박죽 이야기　134

10장 ● 원인은 무엇일까?　150

암호를 풀어라

현서가 선생님을 찾아왔다.
"선생님, 시우가 저에게 이상한 쪽지를 보냈어요."
현서가 선생님에게 쪽지를 보여 주었다.

> 현아제려미해안서놀어서. 다눈리않게을지놀시.
> 앞로이게내자지좋사으.

"정말 이상하지 않아요? 무슨 말인지도 알 수 없고, 괜히 절 놀리는 것 같아요."
현서가 이맛살을 찌푸렸다. 하지만 선생님은 쪽지를 보고 씩 웃었다.
"시우가 어제 널 놀렸니?"

"맞아요. 어제 절 보고 '정여사'라고 하잖아요. 그런데 그걸 어떻게 아셨어요?"

현서가 눈을 휘둥그레 뜬 채 되물었다.

"시우가 미안하다고 쪽지를 보낸 거로구나. 첫 글자와 끝 글자, 둘째 글자와 끝에서 둘째 글자, 셋째 글자와 끝에서 셋째 글자 순서대로 읽어보렴."

현서는 선생님이 가르쳐주신 대로 읽어보았다.

"현서야 어제 놀려서 미안해. 다시는 놀리지 않을게. 앞으로 사이좋게 지내자."

그제야 현서가 씩 웃었다.

"선생님, 저도 아주 어려운 비밀 편지로 답장을 해줘야겠어요."

"그러다가 못 풀면 어떡하려고?"

"풀 때까지 사과를 안 받아주죠, 뭐."

현서의 말에 선생님이 깔깔깔 웃었다.

암호 해독 놀이로 집중력을 높이자!

주어진 암호표를 보며, 암호를 푸는 과정을 통해 초성, 중성, 종성으로 글자가 이루어진다는 것을 자연스럽게 알 수 있어요. 따라서 암호 해독 놀이를 할 때에는 시간을 충분히 두는 것이 좋고, 스스로 문제를 만들어 부모님이나 친구와 함께 놀이해 보세요.

똑같은 자음을 찾아라

아래 그림에서 ㄱ으로 시작하는 그림을 찾아 ○표, ㄴ으로 시작하는 그림을 찾아 △표, ㄷ으로 시작하는 그림을 찾아 ☆표하세요.

아래 그림에서 ㅁ으로 시작하는 그림을 찾아 ○표, ㅂ으로 시작하는 그림을 찾아 △표, ㅅ으로 시작하는 그림을 찾아 ☆표하세요.

 다음 그림을 보고 알맞은 낱말을 쓰세요.

바 나 나

같은 글자가 들어가는 낱말 찾기

다음 빈칸에 같은 글자가 들어가는 낱말을 쓰세요.

어떤 말이 맞을까?

다음 그림을 보고 그림에 알맞은 낱말을 찾아 ○표하세요.

낱말 만들기

 글자 열매가 열렸어요. 두 글자를 모아서 낱말을 만들어 보세요.
(같은 글자를 두 번 써도 좋아요.)

| 마 | 늘 |

숨겨진 낱말을 찾아라

보기에서 주어진 낱말을 찾아 가로와 세로의 선으로 묶고, 남은 낱말을 찾으세요.

보기
등대   골목길   과수원   대통령
사탕   애국가   얼음   음료수

가로와 세로의 선으로 묶을 때, 같은 글자가 여러 번 겹쳐도 좋아요.

애	얼	음	사	호
국	국	료	령	사
가	과	수	원	부
등	대	통	령	관
탕	수	골	목	길

재미있는 말놀이

 사물을 말로 설명하기 위해 다양하게 생각하다 보면 추상적인 개념을 구체화하는 능력이 키워져요!

 다음 수수께끼의 정답을 보기에서 찾아 쓰세요.

보기
꾀꼬리   당나귀   박쥐
반딧불   조개   ~~족제비~~

❶ 제비는 제비인데 날지 못하는 제비는? | 족 | 제 | 비 |

❷ 날아다니는 꼬리는?

❸ 고양이를 무서워하지 않는 쥐는?

❹ 날아다니는 불은?

❺ 귀는 귀인데 걸어 다니고 뛰어다니는 귀는?

❻ 개는 개인데, 물속에 사는 개는?

정확하게 큰 소리로 읽기

다음 낱말을 정확하게 소리 내어 빨리 읽어보세요.

한 글자씩 끊어 읽으면 더욱 정확하게 발음할 수 있어요.

가 그 구 기 고 거   너 노 니 누 느 나
드 두 디 도 더 다   로 러 리 루 라 르
므 마 무 미 머 모   버 비 부 바 브 보
시 서 사 수 소 스   아 어 이 으 오 우
즈 주 지 조 저 자   처 초 치 추 츠 차
카 커 크 코 키 쿠   퍼 피 푸 파 프 포
하 허 히 흐 호 후

개 중에서 가장 빠른 개는?

"선생님! 며칠 전에 저희 아빠가 큰 개를 사서 집 앞에 '개 조심'이라고 써 붙였어요. 이제 도둑 걱정은 안 해도 될 것 같아요."
시우가 호들갑을 떨며 말했다.
"그래? 그래도 그걸 반기는 도둑이 있을 것 같은데?"
"개를 반긴다고요? 누가요?"
현서가 고개를 갸웃거리며 물었다.
"개. 도. 둑."
선생님이 또박또박 말했어요. 그러자 시우와 현서가 까르르 웃었다.
"개가 들어가는 수수께끼가 많은 데 해볼까?"
선생님의 말에 시우와 현서가 눈빛을 반짝이며 고개를 끄덕였다.
"그럼 개 중에서 가장 빠른 개는 무엇일까?"

수수께끼에서 재미를 느끼고, 속담에서 지혜를 배워요!
수수께끼는 알쏭달쏭한 질문을 통해 상상의 세계로 이끌어 연상 능력과 함께 어휘력, 추리력을 기를 수 있고, 속담은 살아가는 삶의 지혜를 배울 수 있습니다. 친구들과 함께 수수께끼 놀이를 하며 몸짓으로 힌트를 주거나, 속담을 몸짓으로 표현하여 맞추기 놀이를 하면 더욱 즐겁게 놀이하며 익힐 수 있답니다.

시우가 고개를 갸웃거리자, 선생님이 씩 웃으며 질문을 계속했다.
"하늘에 사는 개는? 개는 개인데 잡을 수 없는 개는? 개는 개인데 물 속에 사는 개는?"
"진돗개, 사냥개는 아닌 것 같고. 개로 끝나는 낱말 중에서……. 맞아. 번개, 안개, 무지개가 있잖아. 또, 솔개도 있고. 조개, 물개도 있어."
현서의 말에 선생님이 환하게 웃으며 고개를 끄덕였다.
"멍게도 있잖아. 꽃게도 있고."
"야. 그건 개가 아니라 게잖아."
시우의 말에 현서가 꿀밤을 먹이려는 시늉을 하며 말하자, 시우의 얼굴이 빨개졌다.

암호를 해독하라

 암호표를 보고 암호를 풀어보세요.
★ 암호표는 뒤표지 날개에 있습니다.

이 야 기

똑같은 자음을 찾아라

아래 그림에서 ㅇ으로 시작하는 그림을 찾아 ○표, ㅈ으로 시작하는 그림을 찾아 △표, ㅊ으로 시작하는 그림을 찾아 ☆표하세요.

아래 그림에서 ㅋ으로 시작하는 그림을 찾아 ○표, ㅌ으로 시작하는 그림을 찾아 △표, ㅍ으로 시작하는 그림을 찾아 □표, ㅎ으로 시작하는 그림을 찾아 ☆표하세요.

어떤 말이 맞을까?

 다음 그림을 보고 그림에 알맞은 문장을 찾아 ○표하세요.

국을 끓이다  국을 끌이다

사과를 깍다  사과를 깎다

낙엽을 밥다  낙엽을 밟다

도둑을 쫒다  도둑을 좇다

★ 좇다 : 남의 말이나 뜻을 따르다.

다음 그림을 보고 그림에 알맞은 낱말을 찾아 ○표하세요.

같은 글자가 들어가는 낱말 찾기

 다음 빈칸에 같은 글자가 들어가는 낱말을 쓰세요.

숨겨진 낱말을 찾아라

보기에서 주어진 낱말을 찾아 가로와 세로의 선으로 묶고, 남은 낱말을 찾으세요.

보기

태극기	곤충	눈사람	바다
색종이	손바닥	송편	이빨
빨랫줄	고무줄	줄넘기	

낱말 만들기

글자 열매가 열렸어요. 세 글자를 모아서 낱말을 만들어 보세요.
(같은 글자를 두 번 써도 좋아요.)

자음과 모음을 이용하여 낱말을 만들어 보세요.
(자음과 모음을 여러 번 써도 좋고, 자음을 받침으로 써도 좋아요.)

코

누구랑 짝일까?

 앞글자와 뒷글자가 만나서 이루어지는 낱말을 바르게 찾아 이어보세요.

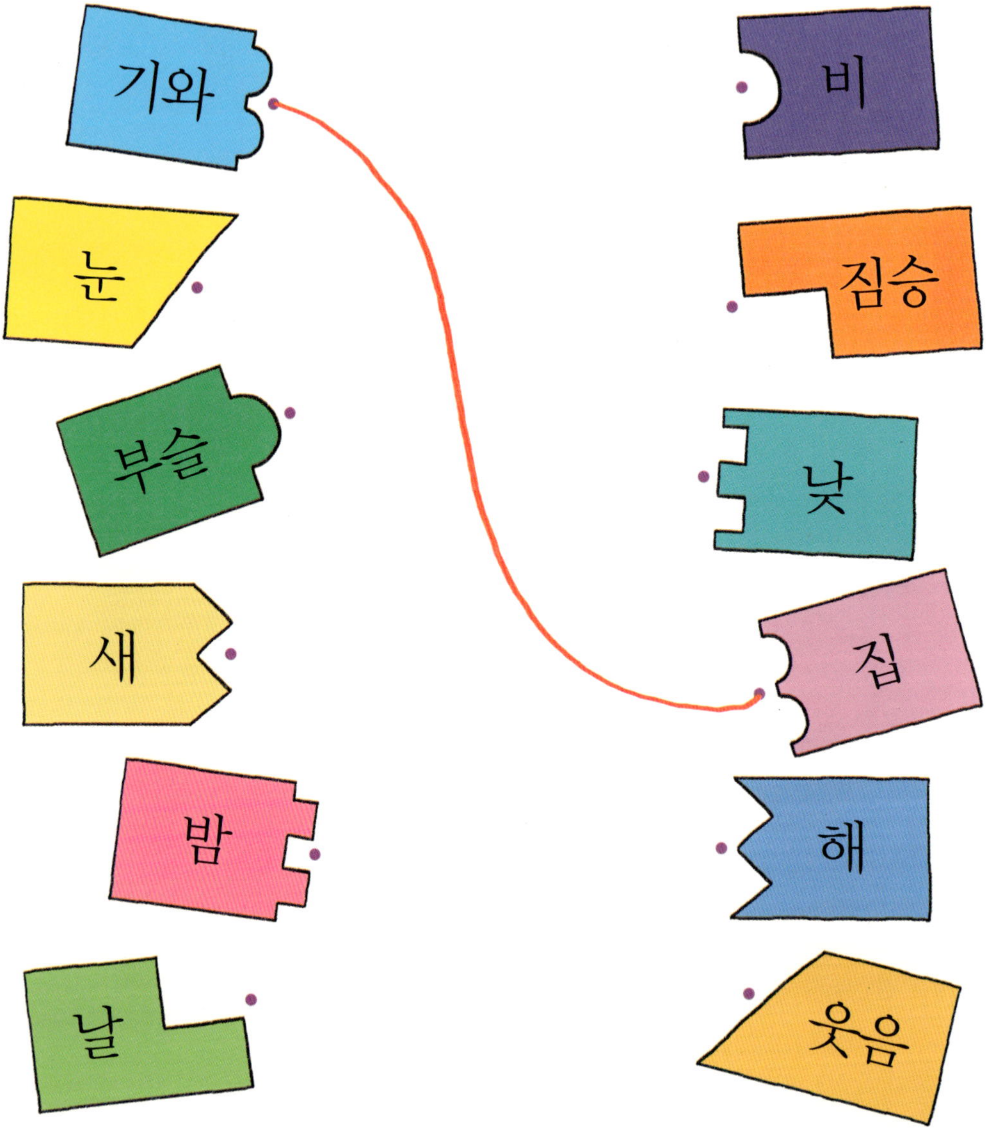

기와	비
눈	짐승
부슬	낮
새	집
밤	해
날	웃음

숨겨진 낱말을 찾아라

 보기와 같이 빈칸에 알맞은 글자를 넣어 새로운 낱말을 만들어 보세요.

보기: 까 마귀   치 약 ➡ 까 치

① ⬜머니   ⬜억 ➡

② ⬜둑   ⬜슬기 ➡

③ ⬜루   ⬜늘 ➡

④ 만⬜   ⬜건 ➡

⑤ ⬜네   ⬜봇대 ➡

소리 나는 대로 쓰기

 다음 낱말을 소리 나는 대로 쓰세요.

빛 [빈] 빛을 [비츨]

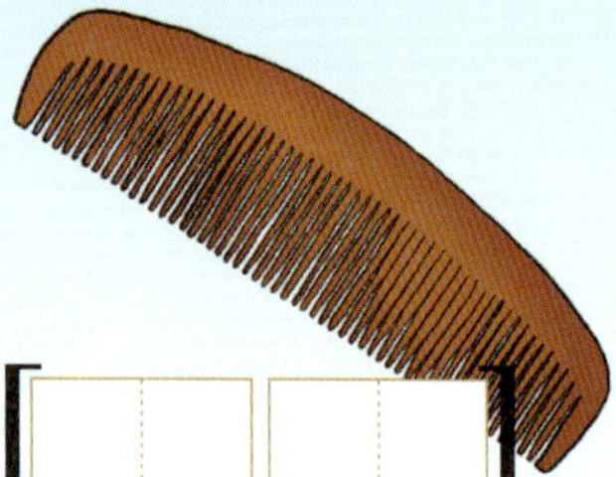

빗 [ ] 빗을 [ ][ ]

숲 [ ]
숲에 [ ][ ]

집 [ ] 집으로 [ ][ ][ ]

솥 [ ]
솥에 [ ][ ]

짚 [ ] 짚으로 [ ][ ][ ]

재미있는 말놀이

 다음 수수께끼의 정답을 낱말표에서 찾아 쓰세요.

❶ 기둥 하나에 귀 하나 달린 것은?

❷ 금은 금인데, 먹을 수 있는 금은?

❸ 공부해서 남 주는 사람은?

❹ 개는 개인데, 잡을 수 없는 개는?

❺ 불은 불인데 뜨겁지 않은 불은?

흉내 놀이 해볼까?

"우리 흉내 놀이 해볼까?"

선생님이 현서와 시우를 불렀다. 그리고 서로 왼손을 악수하듯 붙잡게 했다.

"소리를 흉내 내는 말이 나오면 시우가 현서의 손등을 때리는 거야. 그리고 모양을 흉내 내는 말이 나오면 현서가 시우의 손등을 때리는 거지."

선생님의 말에 둘은 알아들었다는 듯 고개를 끄덕였다. 선생님은 이야기를 시작했다.

"동물나라 달리기 시합이 열렸어요. '탕' 하고 총소리가 울리자……."

순간 기다렸다는 듯이 시우가 현서의 손등을 세게 쳤다.

"아야! 그렇게 세게 치면 어떡해?"

현서가 아프다는 듯 말했다.

> **흉내 내는 말로 창의성을 길러요!**
> 노래를 들으며 흉내 내는 말이 나오면 빙고를 외치고, 친구와 같은 책을 읽으며 흉내 내는 말을 빨리 찾거나 많이 찾기 놀이를 해보세요. 이러한 활동을 통해 우리말의 아름다움과 창의적인 언어 사용 능력을 기를 수 있답니다.

"야, 게임인데 뭘 그러냐?"

시우가 아무렇지도 않다는 듯 말했다.

"호랑이가 으르렁거리며 앞서 뛰었어요."

이번에도 시우가 현서의 손등을 세게 쳤다.

그러자 선생님도 짐짓 이맛살을 찌푸렸다.

"그 뒤로 토끼가 깡충깡충……."

이번에는 현서가 기다렸다는 듯 시우의 손등을 쳤다.

"거북이는 엉금엉금, 개구리는 폴짝폴짝, 오리는 뒤뚱뒤뚱, 고양이가 사뿐사뿐 걷기 시작했어요."

선생님의 말이 나올 때마다 현서가 시우의 손등을 쳤다. 현서의 입가에 미소가 걸렸다.

"선생님, 잘못했어요. 살살 할게요."

그제야 시우는 잘못했다며 선생님께 빌었다.

암호를 해독하라

 암호표를 보고 암호를 풀어보세요.
★ 암호표는 뒤표지 날개에 있습니다.

★ 문장 부호에는 문장 끝에 쓰는 **온점**, 묻는 문장 끝에 쓰는 **물음표**, 느낌을 나타내는 문장 끝에 쓰는 **느낌표**, 부르는 말 뒤에 쓰는 **반점**이 있어요.

낱말 만들기

자음과 모음을 이용하여 낱말을 만들어 보세요.
(자음과 모음을 여러 번 써도 좋고, 자음을 받침으로 써도 좋아요.)

똑같은 자음을 찾아라

아래 그림에서 ㄱ받침이 들어가는 그림을 찾아 ○표, ㄴ받침이 들어가는 그림을 찾아 △표, ㄹ받침이 들어가는 그림을 찾아 ㅁ표, ㅁ받침이 들어가는 그림을 찾아 ☆표하세요.

아래 그림에서 ㅂ받침이 들어가는 그림을 찾아 ○표, ㅇ받침이 들어가는 그림을 찾아 △표, ㅊ받침이 들어가는 그림을 찾아 □표, ㅍ받침이 들어가는 그림을 찾아 ☆표하세요.

숨겨진 낱말을 찾아라

동물의 이름을 찾아서 가로와 세로의 선으로 묶어 보세요.
몇 개를 찾았나요?

개

나	송	비	둘	기
강	아	지	코	린
비	지	고	래	끼
당	나	야	귀	거
부	엉	이	매	미

어떤 글자가 들어갈까?

보기와 같이 다음 낱말들 앞에 어떤 글자가 들어가는지 생각하여 낱말을 만들어 보세요.

보기) 밥상 밥솥 → 밥 상
　　　　　　　　　　　솥

① ☐도화지 ☐연필 → ☐ 도화지
　　　　　　　　　　　연필

② ☐바닥 ☐조심 → ☐ 바닥
　　　　　　　　　　조심

③ ☐가루 ☐바구니 → ☐ 가루
　　　　　　　　　　　바구니

④ ☐구멍 ☐방울 → ☐ 구멍
　　　　　　　　　　방울

⑤ ☐뿌리 ☐가지 → ☐ 뿌리
　　　　　　　　　　가지

냠냠 끝말잇기

 보기와 같이 과일로 시작하는 두 글자 끝말잇기를 해 보세요.

보기 학교 ➡ 교실 ➡ 실수 ➡ 수건 ➡ 건물

과일 ➡ ... ➡ ...

흉내 내는 말 찾기

그림에 알맞은 동물 소리를 흉내 내는 말을 찾아 선으로 이으세요.

정확하게 큰 소리로 읽기

다음 문장을 정확하게 소리 내어 빨리 읽어보세요.

> 소리 내어 읽을 때는 정확하게 읽는 것도 중요하지만, 띄어 쓴 부분을 생각하며 읽어야 정확한 뜻을 전달할 수 있어요.

붉은 팥, 팥죽, 햇콩, 콩죽

참깨, 들깨, 검은깨,
참깨 깨죽, 들깨 깨죽, 검은깨 깨죽

닭발바닥, 곰발바닥, 소발바닥, 범발바닥

봄 벚꽃 놀이, 낮 벚꽃 놀이, 밤 벚꽃 놀이

저 찹쌀 쌀 찹쌀, 저 찹쌀 쌀 찹쌀

고목나무 묘목, 고목나무 묘목

누가 길게 소리가 날까?

 소리의 길이에 주의하여 그림에 맞는 발음을 찾아 선으로 연결하세요.

눈	(눈 오는 풍경)	[눈]	(눈/目)
밤	(밤/栗)	[밤] [밤ː]	(밤/夜)
말	(말/馬)	[말] [말ː]	(말하는 사람)

[ ]는 낱말의 발음을 나타낼 때 사용하는 표시이고, ː은 낱말이 길게 소리 날 때 사용하는 표시입니다.

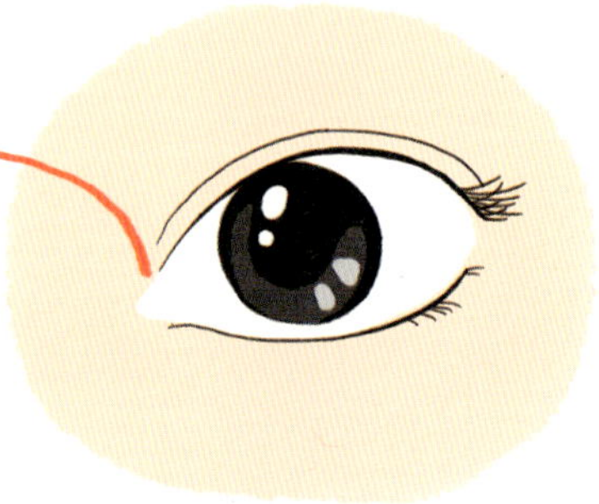

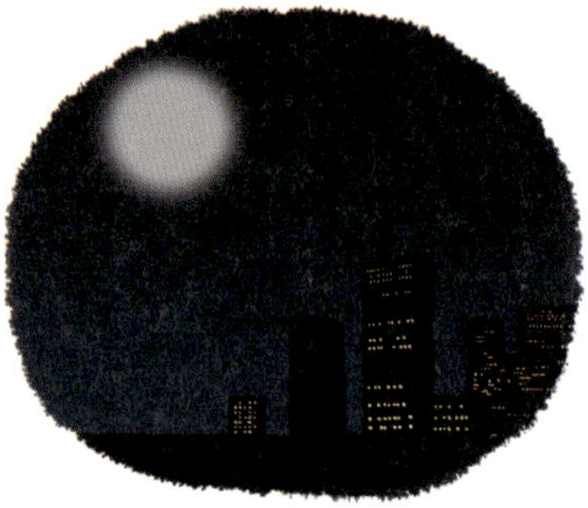

소리 나는 대로 쓰기

 다음 낱말의 정확한 발음을 쓰고, 바르게 발음한 것을 찾아 ○표하세요.

❶ 꽃 [꼳]

꽃밭 [꼳빤] [꼽빤]

꽃길 [꼭낄] [꼳낄]

꽃다발 [꼬따발] [꼳따발]

꽃잎 [꼰닙] [꼬닙]

❷ 옷 [　]

옷감 [옫깜] [옥깜]

❸ 값 [　]

값을 [갑을] [갑쓸]

❹ 닭 [　]

닭장 [닥짱] [달장]

51

어떤 말이 맞을까?

 다음 문장에서 바른 낱말을 찾아 ○표하세요.

❶ 잠을 자고 나니 눈꼽 / 눈곱 이 잔뜩 끼어 있다.

❷ 연극에서 나무꾼 / 나무군 역할을 맡았다.

❸ 차가 갑자기 / 갑짜기 멈추어 섰다.

❹ 엄마가 해준 복음밥 / 볶음밥 은 맛있다.

❺ 친구가 학교 앞에서 떡볶이 / 떡볶기 를 사주었다.

❻ 내 친구는 개구쟁이 / 개구장이 입니다.

❼ 약속을 잊어버려서 / 잃어버려서 미안해.

❽ 허리를 반드시 / 반듯이 펴고 앉으세요.

재미있는 말놀이

 다음은 무엇을 설명하는 말일까요?
다섯 고개를 넘으면서 알아맞혀 보세요.

첫째 고개

움직입니다.

둘째 고개

요란한 소리를 냅니다.

셋째 고개

물을 뿜습니다.

넷째 고개

바퀴가 달려 있습니다.

다섯째 고개

불이 난 곳을 찾아갑니다.

반대말이 뭘까?

"산토끼의 반대말이 뭘까?"
"그거야. 끼토산 아니에요?"
선생님의 질문에 시우가 당연하다는 듯 말했다.
"그건 반대말이라기보다는 거꾸로말이라고 하는 게 어울리겠지? 토끼는 빼고 앞에 산의 반대말만 생각해보렴."
"산이 살아있다는 뜻이면, 죽은 토끼가 반대말이에요."
"산이 샀다는 뜻이면, 판토끼도 반대말이 될 수 있어요."
현서와 시우의 말에 선생님이 잘했다는 듯 고개를 끄덕였다.
"그럼. '현서가 무거운 짐을 가지고 산 위로 올라갔어요.'를 반대말로 말하면 어떻게 될까?"
"그거야. '현서가 가벼운 짐을 가지고 산 아래로 내려갔어요.'라고 고칠 수 있어요."
시우가 자신 있게 말했다.
"잘했어. 그럼 이번에는 현서가 선생님이 한 말을 반대말로 고쳐서 말해보겠니?"

비슷한 말과 반대말로 표현력을 길러요!
두 낱말이 같은 뜻을 가지고 있어 바꿔 쓰기가 가능한 낱말을 비슷한 말이라고 하고, 두 낱말이 하나의 기준을 적용할 때 대립되는 관계를 반대말이라고 해요. 책을 읽으며 비슷한 말과 반대말을 적어 낱말 카드를 만들어 뒤집어서 비슷한 말이나 반대말의 짝이 나오면 가져가는 카드 뒤집기 놀이를 해 보세요. 낱말 사이의 관계를 알게 되면 어휘력 뿐만 아니라 표현력까지 높아질 거예요.

선생님이 씩 웃으며 말하자 현서가 자신 있다는 듯 고개를 끄덕였다.

"시우는 어리석고 공부도 못하지요."

"시우는……."

현서가 선생님 말을 이어 말하다 멈추었다.

"현서야, 왜 그러니?"

"선생님, 저는 거짓말은 못 하겠어요."

"뭐라고? 그렇다면 네 말 뜻은 내가 정말로……."

시우가 눈을 흘기며 현서를 쳐다보았다.

암호를 해독하라

 암호표를 보고 암호를 풀어보세요.
★ 암호표는 뒤표지 날개에 있습니다.

어떤 말이 맞을까?

 다음 그림을 보고 그림에 알맞은 문장을 찾아 ○표하세요.

   걸레로 닥다   걸레로 닦다

   달걀을 삼다   달걀을 삶다

   의자에 앉다   의자에 안다

   아이스크림을 핥다   아이스크림을 할타

   쌍둥이가 달맞다   쌍둥이가 닮았다

흉내 내는 말 찾기

 그림에 알맞은 소리를 흉내 내는 말을 보기에서 찾아 쓰세요.

보기

| 꽈당 | 똑똑똑 | 부르릉 |
| 찰칵 | 철썩철썩 | 쿨쿨 |

숨겨진 낱말을 찾아라

 앞글자와 뒷글자가 만나서 이루어지는 낱말을 바르게 찾아 이어보세요.

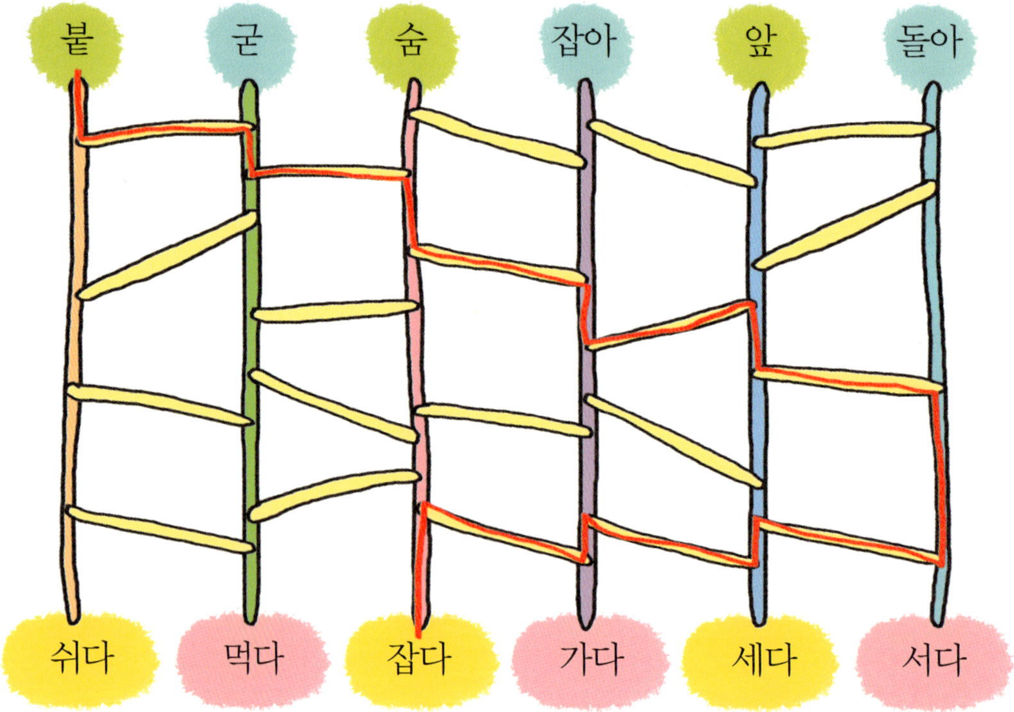

붙 군 숨 잡아 앞 돌아

쉬다 먹다 잡다 가다 세다 서다

| 붙 | 잡 | 다 |

칙칙폭폭 끝말잇기

 보기와 같이 기차로 시작하는 두 글자 또는 세 글자 끝말잇기를 해 보세요.

보기) 책상 ➡ 상장 ➡ 장난감 ➡ 감나무 ➡ 무사

기차

재미있는 말놀이

 다음은 무엇을 설명하는 말일까요?
다섯 고개를 넘으면서 알아맞혀 보세요.

첫째 고개

동물입니다.

둘째 고개

땅 위에 삽니다.

셋째 고개

다리가 네 개입니다.

넷째 고개

'지'로 끝납니다.

다섯째 고개

"멍멍" 하고 짖습니다.

숨겨진 동화 제목을 찾아라

 첫소리와 띄어쓰기를 살펴보고 이야기의 제목을 알아맞혀 보세요.

ㅍㄴㅋㅇ

피노키오

ㅂ설ㄱ주

ㅍ죽ㅎㅁ니와 ㅎㄹ이

ㅌ끼와 ㄱ북

ㅎ부와 ㄴ부

비슷한 말 찾기

 다음 낱말과 뜻이 비슷한 말을 찾아 이으세요.

늘	한가위
다짐	계란
달걀	책방
동생	아우
서점	빨리
얼른	마련
장만	결심
추석	언제나

어떻게 소리가 날까?

 소리의 길이에 주의하여 그림에 맞는 발음을 찾아 선으로 연결하세요.

솔   [솔]
     [솔ː]

병    [병]
     [병ː]

발 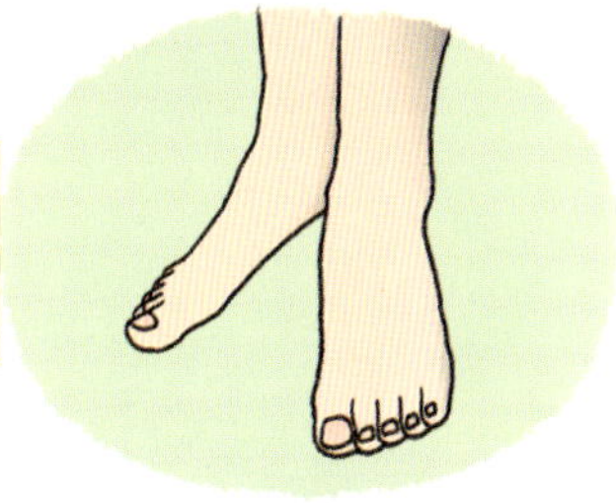   [발]
     [발ː]

굽 다  [굽따]
       [굽ː따]

어떤 말이 맞을까?

 다음 낱말의 정확한 발음을 찾아 ○표하세요.

덮다　[덥따]
　　　[덥다]

맛없다　[마덥따]
　　　　[맛업다]

닦다　[닥다]
　　　[닥따]

쌓이다　[싸이다]
　　　　[싸히다]

낳은　[나흔]
　　　[나은]

싫어도　[실어도]
　　　　[시러도]

넋이　[너씨]
　　　[넉씨]

값어치　[가버치]
　　　　[갑써치]

색연필　[생년필]
　　　　[생연필]

부엌　[부헠]
　　　[부억]

다음 문장에서 바른 낱말을 찾아 ○표하세요.

❶ 우리 엄마가 이쁜 / 예쁜 화분을 사 오셨다.

❷ 나의 바램 / 바람 은 오늘 피자를 먹는 거야.

❸ 잘 때 배개 / 베개 를 껴안는 버릇이 있어.

❹ 해님 / 햇님 이 방긋 웃고 있는 것 같아.

❺ 언니는 어젯밤에 밤을 새워서 / 새서 공부를 했어.

❻ 된장 찌개 / 찌게 가 구수한 냄새를 풍겼다.

❼ 바닷가에서 조개 껍질 / 껍데기 를 주웠어.

❽ 멀리서 개가 짓는 / 짖는 소리가 들려.

거무스레하다는 게 무슨 뜻일까?

"선생님, 시우 얼굴이 까매요. 세수를 안 하고 왔나 봐요."

현서가 시우의 얼굴을 보고 놀리듯 물었다. 선생님이 시우의 얼굴을 찬찬히 살펴보며 말했다.

"어디 보자. 눈 밑이 거무스레한 걸 보니 잠을 제대로 못 잤구나."

"거무스레하다는 게 무슨 뜻이에요?"

선생님의 말에 시우가 고개를 갸웃거리며 물었다.

"그건 '조금 검은 듯하다'라는 뜻이지."

"그게 까만 것하고 달라요?"

이번에는 현서가 잘 이해가 되지 않는다는 듯 물었다.

> **빈칸에 들어갈 낱말을 채우며 어휘력을 길러요!**
>
> 어휘력이 부족하면 설명하는 내용을 잘 이해하지 못할 뿐만 아니라 문제를 해결하는 데도 어려움을 느낄 수 있어요. 그런데 생활 속에서 사용하는 생활 어휘와 학습에서 사용하는 학습 어휘는 조금 달라요. 생활 어휘는 독서를 많이 하면 도움이 되지만 사회용어, 과학용어 등의 학습 어휘는 국어사전을 통해 정확한 뜻을 찾아보는 것이 좋아요.

"그렇지. '까맣다'는 것은 '숯이나 먹의 빛깔과 같이 아주 어둡고 짙다'는 뜻이야. 시우 눈 밑이 먹물로 칠한 듯 까맣지는 않지?"

"어휴, 우리말은 너무 복잡한 것 같아요."

"복잡하다기 보다는 다른 나라 언어보다 다양하게 표현할 수 있는 거란다. 검정색을 표현해도 '검다', '까맣다', '거무스레하다', '꺼멓다', '새까맣다', '시꺼멓다' 등 여러 가지로 표현할 수 있으니까 말이야."

현서가 고개를 끄덕이면서 시우를 쳐다보았다.

"시우야, 밤에 게임 너무 하지 마. 그러다가 얼굴이 새까맣게 변할 수 있으니까."

현서의 말에 시우의 얼굴이 붉어졌다.

"선생님, 이번에는 시우 얼굴이 새빨개졌어요. 아니 불그스레해졌어요."

현서의 말에 다들 깔깔깔 웃었다.

암호를 해독하라

암호표를 보고 암호를 풀어보세요.
★ 암호표는 뒤표지 날개에 있습니다.

같은 글자가 들어가는 낱말 찾기

 다음 빈칸에 같은 글자가 들어가는 낱말을 쓰세요.

전

원

창

풍

태

탕

흉내 내는 말 찾기

동물 그림에 맞는 모양을 흉내 내는 말을 찾아 선으로 이으세요.

- 대롱대롱
- 폴짝폴짝
- 뒤뚱뒤뚱
- 훨훨
- 사뿐사뿐
- 엉금엉금
- 깡충깡충

어떻게 띄어 쓸까?

 다음 문장을 띄어쓰기에 맞게 쓰세요.

 토끼한마리가뛰어왔어요.

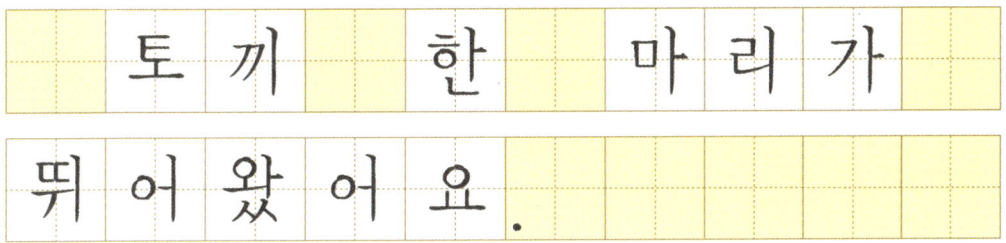

❶ 빵한개를먹었어요.

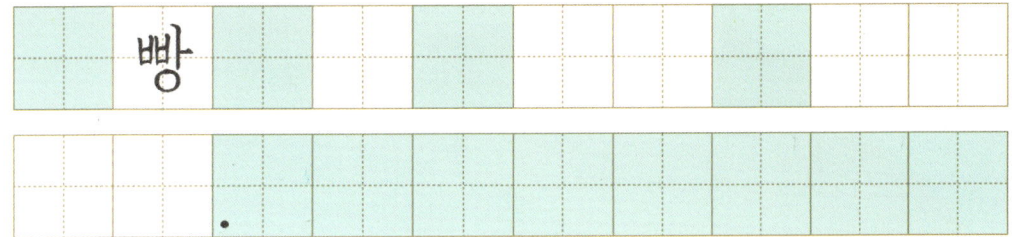

❷ 필통에연필, 지우개가들어있어요.

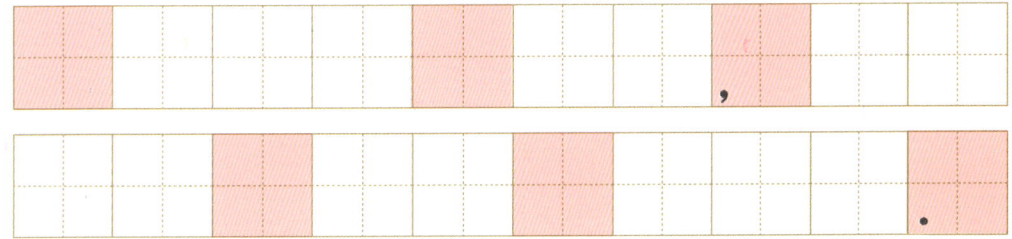

알록달록 끝말잇기

와 같이 무지개로 시작하는 세 글자 끝말잇기를 해 보세요.

 바나나 ➡ 나팔꽃 ➡ 꽃송이 ➡ 이발소 ➡ 소나기

무지개

비슷한 말 찾기

다음 낱말과 비슷한 말끼리 이어지도록 보기에서 알맞은 낱말을 찾아 쓰세요.

보기: 달리다 끌다 마주치다 모으다 숙이다

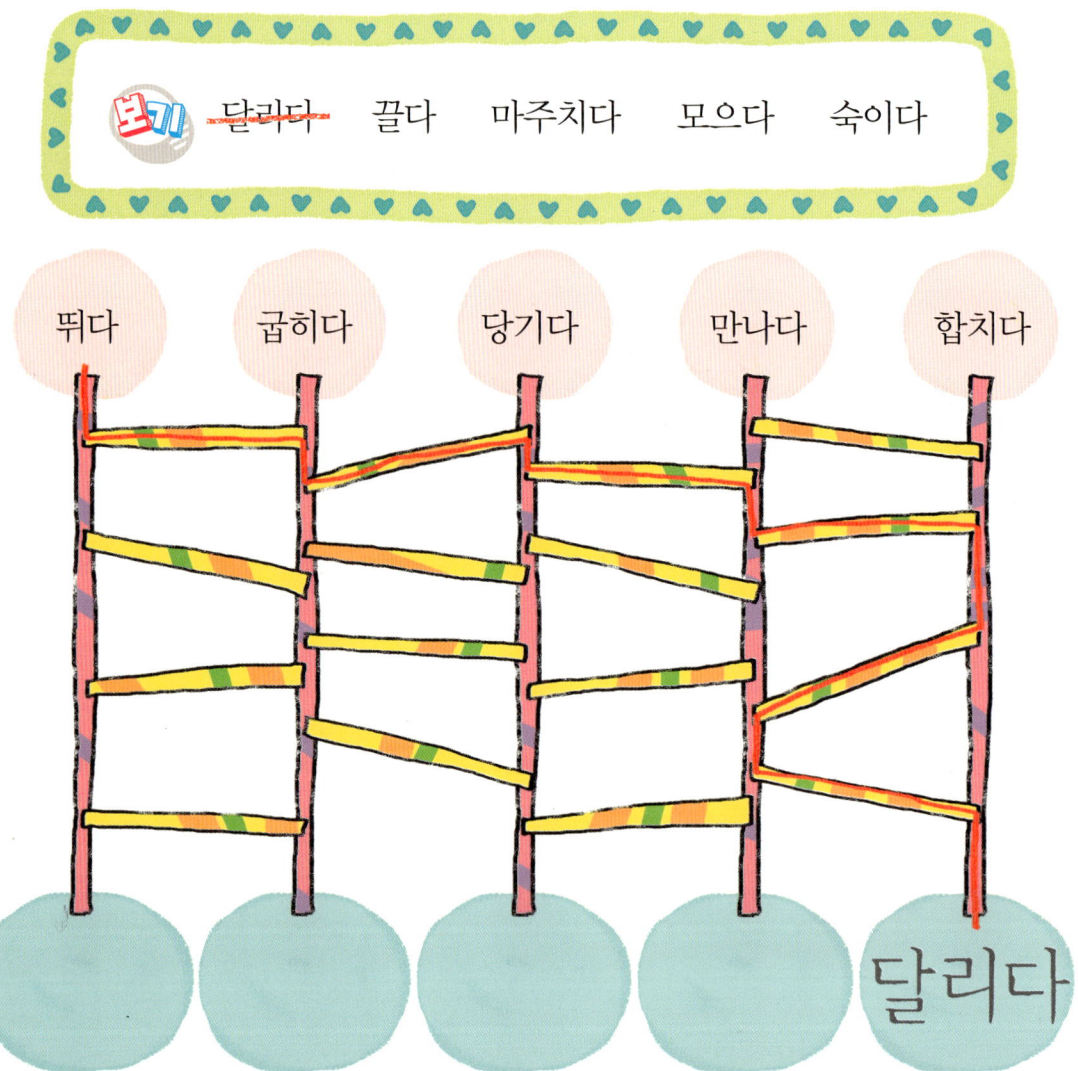

재미있는 말놀이

 다음은 무엇을 설명하는 말일까요?
다섯 고개를 넘으면서 알아맞혀 보세요.

첫째 고개
집집마다 가지고 있습니다.

 **둘째 고개**
여러 가지 모양이 있습니다.

셋째 고개
두 글자입니다.

넷째 고개
시각을 알아 볼 때 사용합니다.

다섯째 고개
"재깍재깍" 소리가 납니다.

숨겨진 낱말을 찾아라

퍼즐에서 아는 낱말을 찾아 가로와 세로의 선으로 묶어 보세요. 그리고 그 낱말들이 가지는 공통점이 무엇인지 퍼즐에서 찾아보세요.

가로 열쇠와 세로 열쇠를 잘 읽고 빈칸에 알맞은 말을 써 넣으세요.

① 전라남도 진도에서 기르는 우리나라의 개로 천연기념물임
② 작은 것이 크게 보이도록 볼록하게 만든 렌즈
③ 볶은 보리를 넣고 끓인 물
④ 다이아몬드, 루비 등 아름다운 빛깔과 광택을 가진 희귀한 돌

① 몸 안에서 나는 소리를 들어 진찰하는데 쓰이는 의료 도구
② 봄에 피는 노란색 꽃
③ 물이 끓어오를 때 나는 소리
④ 여럿이 정해진 기준에 따라 죽 이어지게 벌여놓은 순서

어떤 말이 맞을까?

 다음 낱말이 뜻하는 그림을 찾아 바르게 이으세요.

❶ 포도보다 배가 더 맛있다. •

❷ 밥을 많이 먹어 배가 아프다. •

❸ 배를 타고 섬으로 갔다. •

㉮

㉯

㉰

❶ 할머니 댁에 차를 타고 갔다. •

❷ 할머니와 차를 함께 마셨다. •

㉮

㉯

다음 문장의 빈칸에 들어갈 알맞은 말을 보기에서 찾아 쓰세요.

보기: 붙였습니다   부쳤습니다

❶ 편지 봉투에 우표를 _____.

❷ 우체국에 가서 편지를 _____.

❸ 성냥개비에 불을 _____.

❹ 친구에게 별명을 _____.

❺ 내 공책에 칭찬 스티커를 _____.

❻ 엄마는 명절 때마다 전을 _____.

붙이다 는 서로 맞닿게 하다의 뜻이고, 부치다 는 편지나 물건을 보내다, 음식을 익혀 만들다 라는 뜻이 있어요.

83

소리 나는 대로 쓰기

 다음 낱말을 소리 나는 대로 쓰세요.

❶ 넓다 [널따]   넓어 [   ]
   넓히다 [   ]   넓으면 [   ]

❷ 앉다 [안따]   앉아 [   ]
   앉히다 [   ]   앉으면 [   ]

❸ 밟다 [밥따]   밟아 [   ]
   밟히다 [   ]   밟는 [   ]

정확하게 큰 소리로 읽기

 다음 말을 반복해서 소리 내어 빨리 읽어보세요.
제대로 몇 번을 읽었나요?

잡곡밥

왕밤빵

쌍살벌

묵사발

프로그램

공간감각

수학익힘책

말놀이 동시

"소리는 같은데 뜻이 다른 낱말로 동시나 말을 만들어볼까?"

선생님이 카드를 주었다. 현서는 절 을 받아들었고, 시우는 이상 을 받아들었다.

둘은 국어사전을 펼쳐가며 말을 만들었다.

"절에 가서/ 부처님께 절을 해요./ 절 받은 부처님이/ 절 보고 환하게 웃지요."

현서가 절 을 이용해 멋지게 동시를 지었다.

"절 가지고 이상한 동시를 짓는 현서를/ 이상 없이 치료하는 게/ 제 이상이에요./ 이상 제 동시를 마칩니다."

시우가 이상 을 이용해 현서를 향해 웃으며 말했다. 그러자 선생님이 다른 카드를 주었다. 현서는 빨다 를, 시우는 걸다 를 받았다. 둘은 다시 국어사전을 뒤적거렸다.

"엄마는 수건을 빨고/ 나는 사탕을 빨고/ 엄마는 양말을 빨고/ 나는 아이스크림을 빨고."

이번에도 현서가 먼저 말을 했다.

"현서에게 다리를 걸었어요./ 현서가 징징 울며 엄마에게 전화를 걸었지요./ 저는 야단맞을까 힘없이 걸었어요."

시우의 말에 현서가 씩 웃음을 입에 걸었다.

"그런데 선생님, 할머니는 절 보고 우리 강아지라고 해요. 그것도 소리는 같은데 뜻이 다른 낱말이지요?"

현서가 선생님에게 물었다. 그러자 시우가 재빨리 끼어들었다.

"현서 네가 평소에 진짜 강아지처럼 행동하는 거 아냐? 멍멍!"

"뭐라고?"

현서가 심술궂은 시우에게 이맛살을 찌푸렸다.

동음이의어로 재미있는 동시를 만들어요!

'동음이의어'란 소리는 같지만 뜻이 다른 말이에요. '사과, 손, 시내, 발, 솔, 부치다, 켜다, 바르다' 등의 우리말 뿐만 아니라 '고대, 감사, 기상, 전시' 등의 한자어도 있지요. 국어사전에서 뜻을 찾아가며 동음이의어로 말놀이 동시를 만들어보면 재미있을 뿐 아니라 뜻을 이해하는데도 큰 도움이 됩니다.

흉내 내는 말 찾기

 보기에서 그림에 알맞은 모양을 흉내 내는 말을 찾아 쓰세요.

보기: 빙글빙글 데굴데굴 비틀비틀 사각사각 아장아장 펄럭펄럭

빙글빙글

반대되는 말 찾기

 다음 낱말과 반대되는 말을 찾아 이으세요.

- 가운데 — 가장자리
- 간단 — 복잡
- 대답 — 질문
- 더하기 — 빼기
- 먼저 — 나중
- 왼쪽 — 오른쪽

누구랑 짝일까?

 앞글자와 뒷글자가 만나서 이루어지는 낱말을 바르게 찾아 이어보세요.

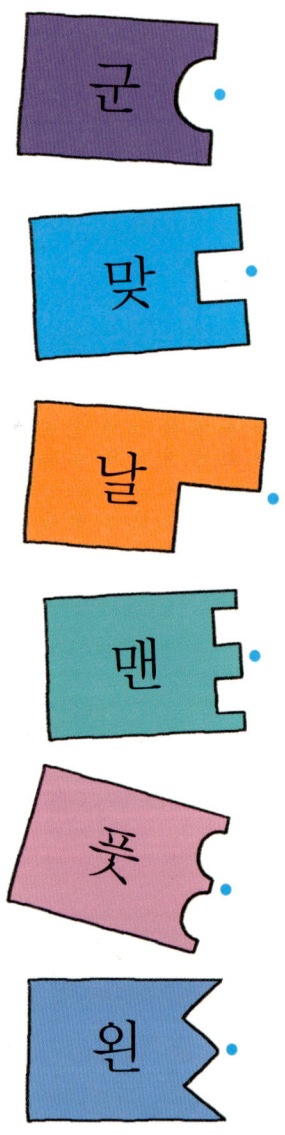
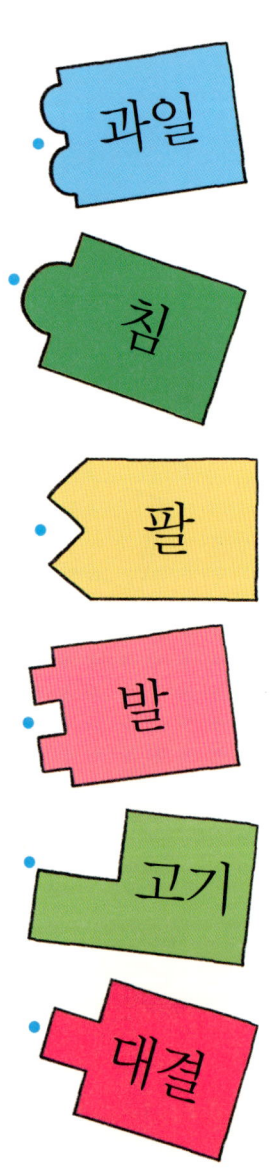

숨겨진 동화 제목을 찾아라

 첫소리와 띄어쓰기를 살펴보고 이야기의 제목을 알아맞혀 보세요.

ㅈ과 ㅋㄴㅁ
잭과 콩나무

미운 ㅇㄹ 새끼

ㅇㄱㄷㅈ 삼형제

ㅎㄴ과 달ㄴ

ㅅ가 된 ㄱㅇ름ㅂㅇ

ㅂㄱ벗은 ㅇㄱ님

숨겨진 낱말을 찾아라

퍼즐에서 아는 낱말을 찾아 가로와 세로의 선으로 묶어 보세요. 그리고 그 낱말들이 가지는 공통점이 무엇인지 퍼즐에서 찾아보세요.

사	촌	큰	종	회
초	할	아	버	지
친	머	버	어	충
척	니	지	방	이
외	삼	촌	고	모

가로 열쇠와 세로 열쇠를 잘 읽고 빈칸에 알맞은 말을 써 넣으세요.

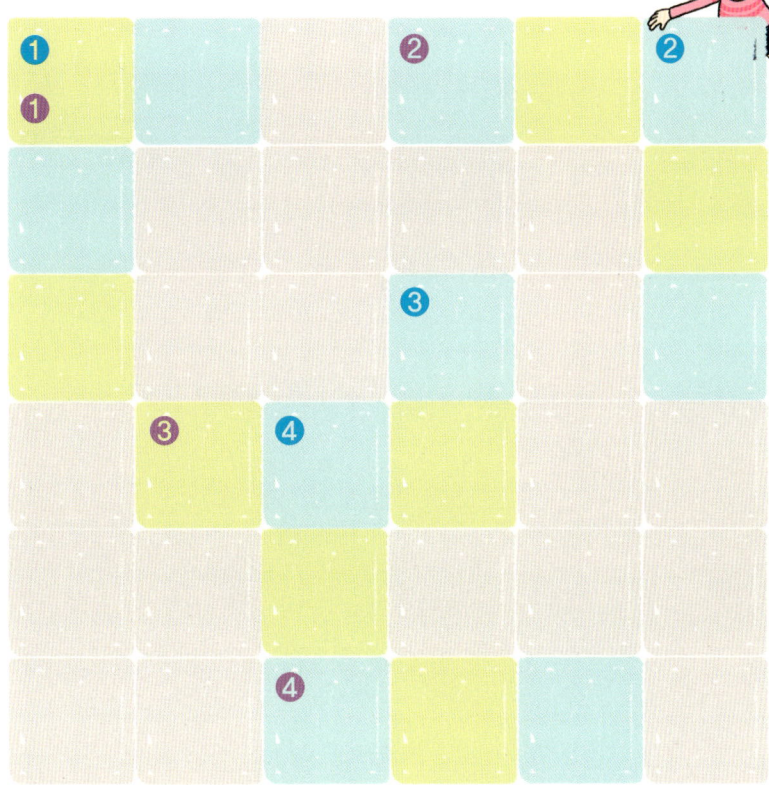

① 음식을 차려놓고 먹는 큰 탁자
② 가을 곤충으로, 가늘고 긴 몸에 두 쌍의 투명한 그물 모양 날개가 있음
③ 콩을 시루에 담아 그늘진 곳에 두고 물을 주어 자라게 한 것
④ 여러 개의 꽃을 한데 묶은 것

① 먹을 수 있는 음식을 만드는데 사용하는 기름
② 플루트 종류의 하나로 세로로 부는 관악기
③ 남에게 인사나 정을 나타내는 뜻으로 주는 물건
④ 나팔 모양의 꽃

어떤 글자가 들어갈까?

보기처럼 다음 낱말들 앞에 어떤 글자가 들어가는지 생각하여 낱말을 만들어 보세요.

보기와 같이 빈칸에 알맞은 글자를 넣어 새로운 낱말을 만들어 보세요.

멍멍멍 가운데말잇기

 보기와 같이 세 글자로 된 낱말의 가운데 글자로 시작하는 낱말을 이어 보세요.

보기 지우개 ➡ 우주선 ➡ 주전자 ➡ 전화기 ➡ 화장품

강아지

소리 나는 대로 쓰기

 다음 낱말을 소리 나는 대로 쓰세요.

① 굵다 [국따]   굵어 [   ]   굵은 [   ]

② 늙다 [   ]   늙어 [   ]   늙은 [   ]

③ 맑다 [   ]   맑어 [   ]   맑은 [   ]

④ 핥다 [할따]   핥어 [   ]   핥은 [   ]

⑤ 젊다 [점따]   젊어 [   ]   젊은 [   ]

어떻게 띄어 쓸까?

 다음 문장을 띄어쓰기에 맞게 쓰세요.

❶ 아버지는집을짓는일을하십니다.

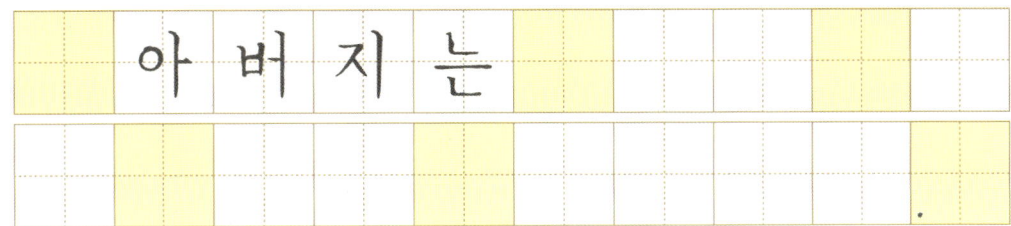

❷ 밝은표정과또렷한목소리로인사합니다.

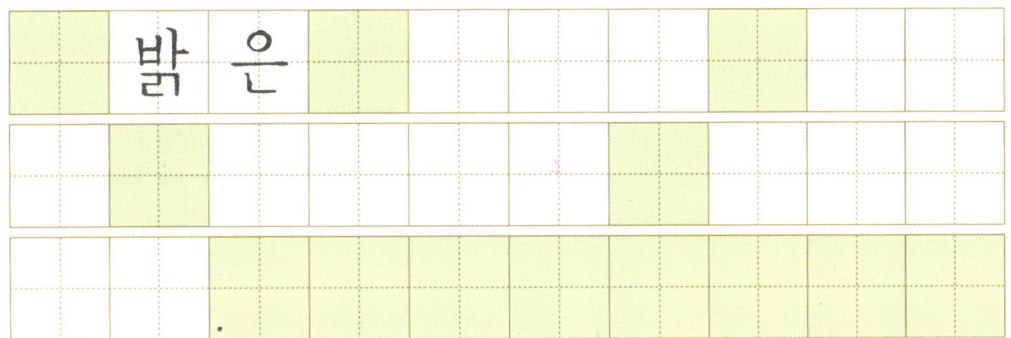

❸ 마을어귀에서장승을쉽게찾아볼수있습니다.

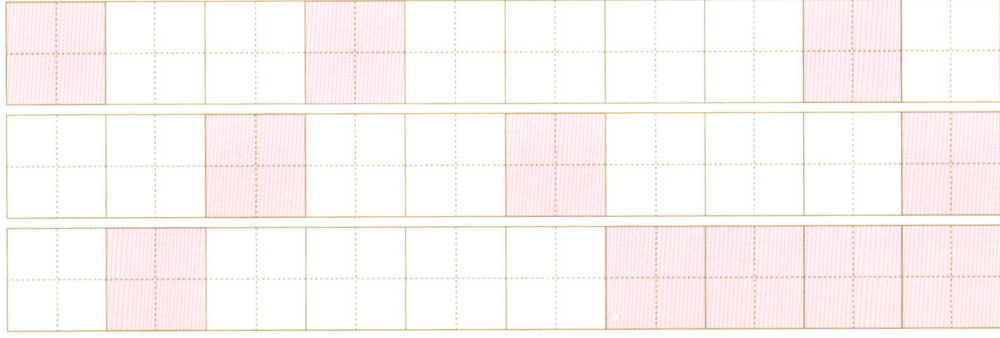

어떤 말이 맞을까?

 다음 낱말이 뜻하는 그림을 찾아 바르게 이으세요.

❶ 소 먹이를 주기 위해 풀을 베었다. •

 ㉮

❷ 우표를 풀로 붙였다. •

 ㉯

❶ 줄넘기 대회에서 상을 받았다. •

 ㉮

❷ 엄마가 상 위에 음식을 차렸다. •

 ㉯

❶ 넘어져서 다리를 다쳤다. •

 ㉮

❷ 다리만 건너면 도착한다. •

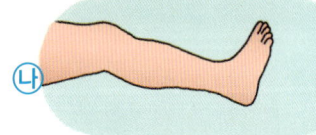 ㉯

다음 문장의 빈칸에 들어갈 알맞은 말을 보기에서 찾아 쓰세요.

❶ 내 친구는 키가 ☐☐☐ .

❷ 내 목소리가 ☐☐☐ .

❸ 내 친구는 말수가 워낙 ☐☐☐ .

❹ 내 컵에 담긴 물은 네 컵에 담긴 물보다 ☐☐☐ .

❺ 내 신발이 ☐☐☐ .

❻ 알림장을 ☐☐☐ .

나랑 놀아요? 저랑 놀아요?

"현서야, 나랑 놀자."

시우가 현서에게 다가가 말했다. 하지만 현서는 고개를 저었다.

"선생님, 나랑 놀아요."

이번에는 선생님에게 물었다. 그러자 선생님이 두 눈을 동그랗게 뜨고 시우를 바라보았다.

"왜요?"

"어른에게 그렇게 말하면 안 되는 거란다. 높임말을 써서 말해야지."

선생님이 짐짓 나무라는 듯 낮은 목소리로 말했다.

"끝에 '요'라고 말했는데……."

시우의 목소리가 점점 기어 들어갔다.

"말할 때마다 끝에 '-요'만 붙인다고 높임말이 되는 것은 아니 란다. 말 사이에도 높임말을 써야 하

는 거야. 특히 어른에게는 '나'라는 말 대신 '저'라는 말을 사용해야 하지. 네가 높임말을 제대로 쓰면 놀아줄게."

선생님의 말에 시우가 고개를 끄덕였다.

"선생님, 그러면 저랑 놀아줄 거죠?"

시우가 애교를 부리듯 말했다. 하지만 선생님은 고개를 저었다. 시우는 잠시 생각을 해보았다. 그리고 무엇인가 떠오르는 듯 환하게 웃었다.

"선생님, 저랑 놀아주실 거죠?"

그제야 선생님이 고개를 끄덕였다. 그때, 옆에서 현서가 다가왔다.

"선생님, 저도 같이 놀아도 되지요?"

그러자 시우가 손사래를 쳤다.

"현서님께서는 같이 안 놀아주셔도 됩니다. 아셨지요?"

시우가 능청스레 말하자 선생님이 키득 웃었다.

> **높임말로 공경하는 마음을 길러요!**
> 높임말에는 공경하는 마음이 담겨 있어서 어릴 때부터 습관화하는 것이 좋아요. 그런데 때때로 높임말을 어떻게 써야 하는지 헷갈릴 때가 있지요. 그럴 때에는 어른, 아이 등의 가면을 만들어 쓰고 서로의 역할을 바꾸어 놀이를 하다 보면 높임말을 재미있고 쉽게 익힐 수 있답니다.

흉내 내는 말 찾기

 다음 문장에 들어갈 알맞은 흉내 내는 말을 보기에서 찾아 쓰세요.

| 뚝딱뚝딱 | 야옹야옹 | 쌩쌩 |
| 파릇파릇 | 포동포동 | 훌쩍훌쩍 |

❶ 목수 아저씨가 _____ 망치질을 합니다.

❷ 내 동생은 _____ 살이 쪘습니다.

❸ 고양이가 _____ 소리를 냅니다.

❹ 자동차가 _____ 달립니다.

❺ 봄이 되자 새싹이 _____ 돋아납니다.

❻ 감기에 걸려 코를 _____ 거립니다.

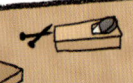

반대되는 말 찾기

 다음 낱말과 반대되는 말을 찾아 이으세요.

높임말 찾기

 다음 낱말과 같은 뜻을 가진 높임말을 찾아 바르게 이으세요.

다음 낱말과 같은 뜻을 가진 높임말이 이어지도록 <보기>에서 알맞은 낱말을 찾아 쓰세요.

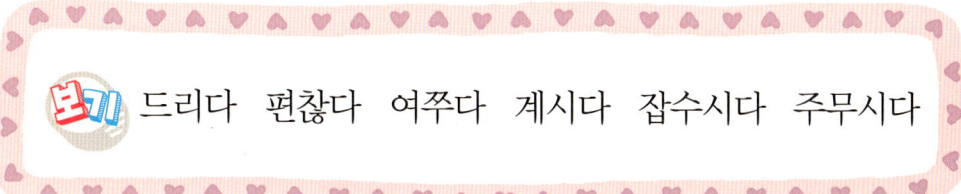

보기: 드리다 편찮다 여쭈다 계시다 잡수시다 주무시다

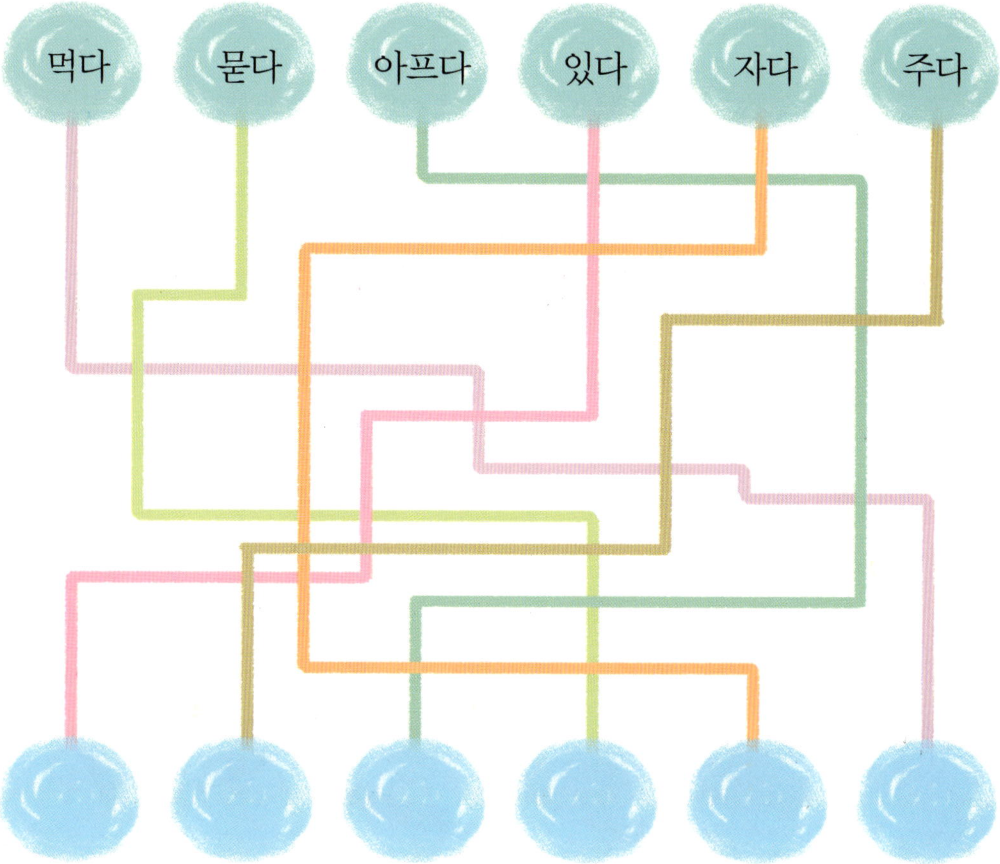

먹다   묻다   아프다   있다   자다   주다

숨겨진 낱말을 찾아라

퍼즐에서 아는 낱말을 찾아서 가로와 세로의 선으로 묶어 보세요. 그리고 그 낱말들이 가지는 공통점이 무엇인지 퍼즐에서 찾아 쓰세요.

가로 열쇠와 세로 열쇠를 잘 읽고 빈칸에 알맞은 낱말을 써 넣으세요.

❶ 우리나라 전통 무예를 바탕으로 한 운동
❷ 바다에 사는 연체동물로 열 개의 다리에 빨판이 있음
❸ 기찻길을 통해 사람이나 물건을 실어나르는 차
❹ 기름에 부쳐서 만드는 음식

❶ 바다에서 발생하는 풍랑이나 너울. 해변으로 ○○가 밀려왔다.
❷ 잉엇과에 속한 물고기로 모양과 빛깔이 좋아 관상용으로 기름
❸ 우리나라의 국기
❹ 실수로 오줌을 싼 아이를 놀릴 때 쓰는 말

떠오르는 낱말 잇기

 보기와 같이 떠오르는 낱말을 계속 이어가며 낱말 잇기를 해 보세요.

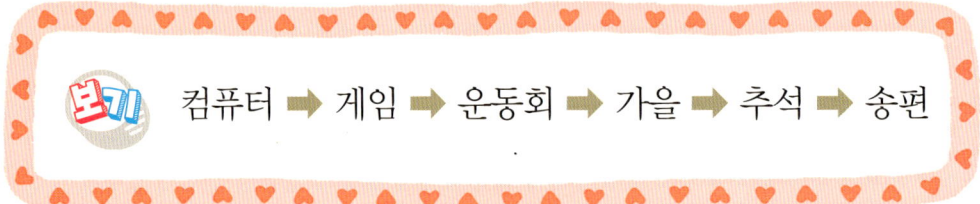

보기: 컴퓨터 ➡ 게임 ➡ 운동회 ➡ 가을 ➡ 추석 ➡ 송편

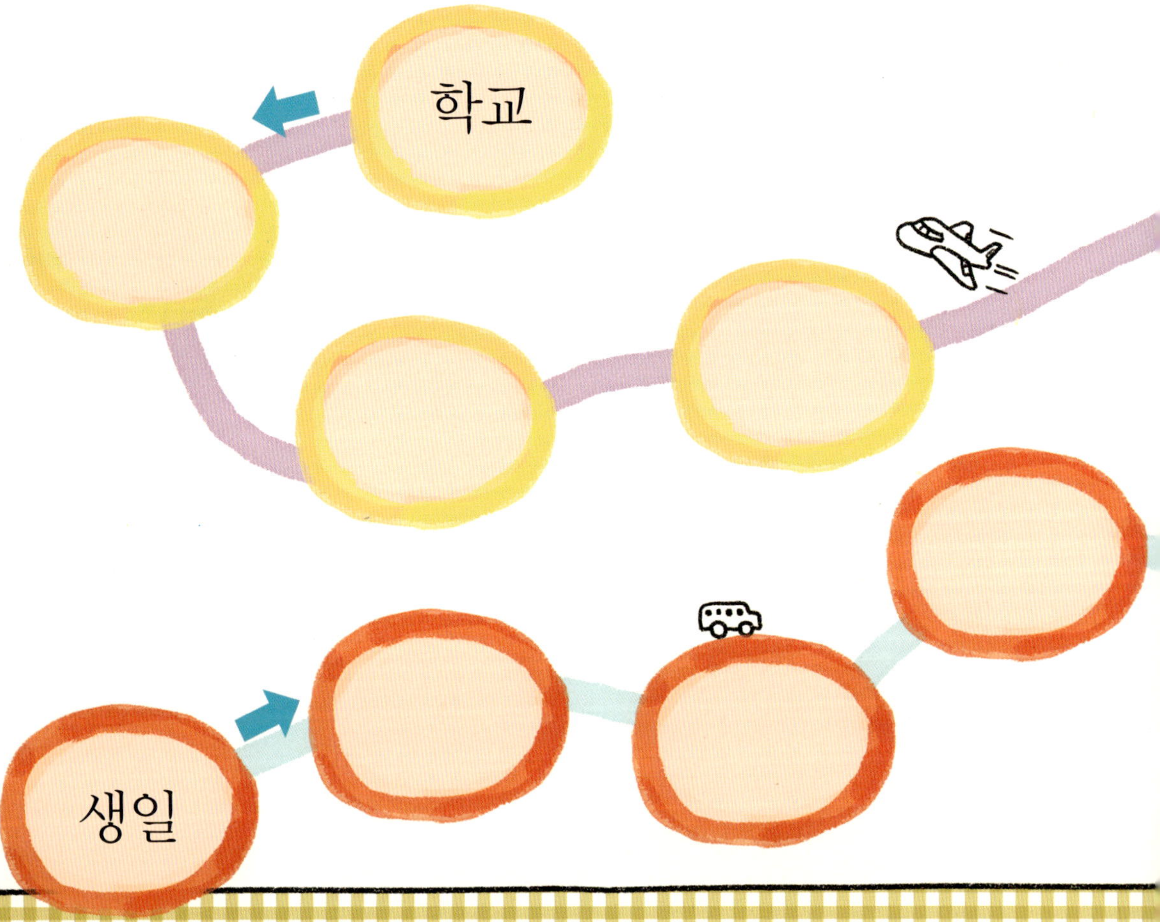

학교

생일

삼행시 짓기

다음 주어진 단어로 보기처럼 재미있는 삼행시를 지어보세요.

보기

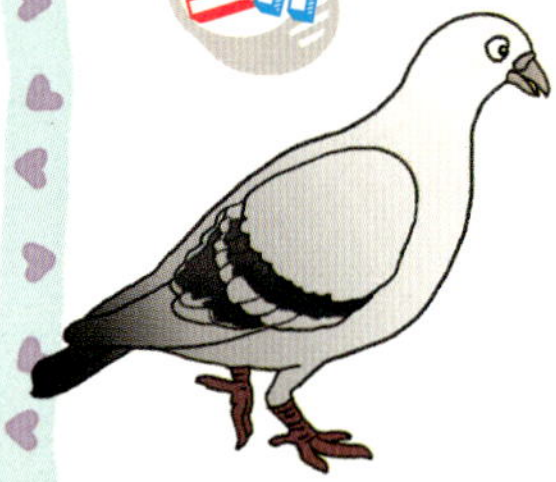

비 내리는 날에, 우리
둘 이 만나기로 했지?
기 다리지 마!

주 ______________________
전 ______________________
자 ______________________

지 ______________________
하 ______________________
수 ______________________

속담 완성하기

 다음 속담에 들어갈 알맞은 낱말을 보기에서 찾아 쓰세요.

보기 계란   바늘   구슬   도둑

① ☐☐ 으로 바위 치기
   보잘것없는 힘으로 대들어 보아야 별수가 없다는 뜻

② ☐☐ 이 서 말이라도 꿰어야 보배
   아무리 좋은 솜씨와 훌륭한 일이라도 끝을 마쳐야 쓸모가 있다는 뜻

③ ☐☐ 도둑이 소도둑 된다.
   작은 도둑이라도 진작 그것을 고치지 않으면 장차 큰 도둑이 된다는 뜻

④ ☐☐ 이 제 발 저리다.
   죄를 지은 사람이 그것이 드러날까 두려워 걱정하다 자기도 모르게 스스로 그 사실을 나타내게 된다는 뜻

소리 나는 대로 쓰기

 다음 낱말의 정확한 발음을 찾아 ○표하세요.

❶ 우리 학교는 **월요일**에 운동회를 합니다.

      [워료일]   [월료일]

❷ 가방 속에 **교과서**가 들어 있습니다.

      [교꽈서]   [교과서]

❸ 밥 먹기 전에는 손을 **깨끗이** 씻어야 합니다.

      [깨끄시]   [깨끄치]

❹ 아침에 **여덟** 시에 일어납니다.

      [여덥]   [여덜]

❺ **흙을** 덮어 주었습니다.

      [흘글]   [흐글]

❻ 수학 시간에 **곱하기**를 배웠습니다.

      [고파기]   [고바기]

정확하게 큰 소리로 읽기

 다음 말을 반복해서 소리 내어 빨리 읽어보세요.
제대로 몇 번을 읽었나요?

안흥팥찜빵

돌솥비빔밥

숯불불고기

방충망제거

촉촉한초코칩

한국관광공사

참치꽁치찜

어떤 말이 맞을까?

 다음 문장의 빈칸에 들어갈 알맞은 말을 보기에서 찾아 쓰세요.

보기   달라   틀려

❶ 형제가 달라도 너무 _____.

❷ 너와 나는 생각이 아주 _____.

❸ 네가 한 계산은 _____.

❹ 같은 의자이지만 크기나 모양이 아주 _____.

❺ 모범생은 어디가 달라도 _____.

❻ 비가 올 거라는 일기예보가 _____.

다르다 는 비교가 되는 두 대상이 서로 같지 아니한 것이고, 틀리다 는 셈이나 사실 따위가 그르게 되거나 어긋나다는 뜻입니다.

이어주는 말 넣기

 다음 두 문장을 알맞게 이어주는 말을 보기에서 찾아 쓰세요.

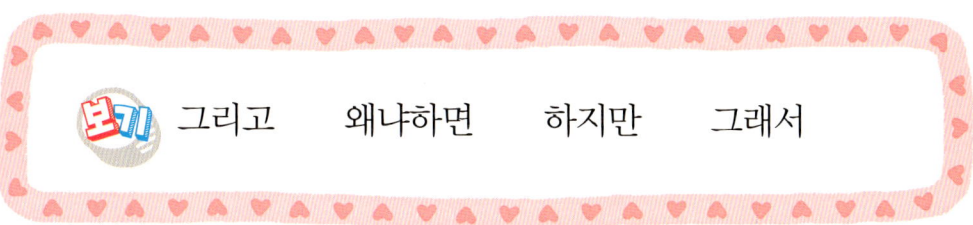

보기 그리고   왜냐하면   하지만   그래서

① 자전거를 타다가 넘어졌다. ▭ 다리를 다쳤다.

② 엄마에게 꾸중을 들었다. ▭ 거짓말을 했기 때문이다.

③ 나는 겨울을 좋아한다. ▭ 겨울은 너무 춥다.

④ 주현이는 축구를 잘합니다. ▭ 야구도 잘합니다.

⑤ 나는 그림 그리기를 좋아한다. ▭ 노래 부르기는 싫어한다.

소리 나는 대로 받아쓰기

"1번, 숲에는 나무들이 많았습니다."

"2번, 숲 속에 집을 지었습니다."

아이들은 선생님이 불러주는 말을 받아쓰기 시작했다. 선생님은 계속 문제를 냈다.

"3번, 색종이를 오려서 붙였습니다."

"4번, 군인 아저씨가 되겠습니다."

선생님은 아이들이 쓴 받아쓰기 공책을 걷어 살펴보았다. 아이들 대부분 받아쓰기를 잘 봤다. 그런데 선생님이 시우의 공책을 보더니 씩 웃었다.

1. 수페는 나무드리 마나씀니다.

2. 숩 소게 지블 지어씀니다.

3. 색종이를 오려서 부쳤습니다.

4. 구닌 아저씨가 되겠습니다.

선생님이 시우를 넌지시 불렀다.

"시우는 소리 나는 대로 잘 썼구나. 듣기와 말하기는 걱정하지 않아도 되겠어. 하지만 말을 글로 제대로 표현하는 것도 중요하단다. 그래서 받아쓰기를 하는 거야."

선생님은 시우에게 소리 나는 대로 쓰면 안 되는 낱말들을 하나하나 가르쳐주었다. 그리고 '부쳤습니다' 처럼 틀리기 쉬운 낱말도 가르쳐주었다. 시우는 이제야 알았다는 듯 웃으며 선생님 설명을 들었다.

'우리 선생님은 참 좋은 선생님이야.'

시우는 집에 가서 학교에서 있었던 일을 일기로 쓰기 시작했다.

우리 선생님은 참 조은 선생님이다. ♥
내가 틀린 것을 참 잘 가리켜주신다. ㅋㅋ

'말음법칙'을 통해 우리말의 섬세함을 느껴보세요!

말음법칙이란 우리말에서 한 음절의 끝 자음이 ㄱ, ㄴ, ㄷ, ㄹ, ㅁ, ㅂ, ㅇ의 일곱 소리로 나는 것을 말해요. 일곱 소리 이외의 끝 자음은 이 일곱 소리 중의 하나로 바뀌어 소리 나지요. 그래서 '낫, 낮, 낯' 모두 발음은 '낟'이라고 발음돼요. 하지만 뒤에 '이'가 오면 '나시, 나지, 나치'로 바뀌어, 혼자 쓰일 때와 다른 글자와 함께 쓰일 때 발음이 바뀐다는 것을 알게 되어 바르게 쓰고 발음할 수 있게 된답니다.

흉내 내는 말 찾기

 다음 문장에 들어갈 알맞은 흉내 내는 말을 보기에서 찾아 쓰세요.

보기: 꼴깍꼴깍 날름날름 말랑말랑 무럭무럭 살랑살랑 찍찍

❶ 어린이들은 _____ 자랍니다.

❷ 쥐가 _____ 소리를 냅니다.

❸ 뱀이 혀를 _____ 거립니다.

❹ 맛있는 음식이 나오자 _____ 침을 삼켰습니다.

❺ 고무공이 _____ 거렸습니다.

❻ 바람이 나무를 _____ 흔들었습니다.

반대되는 말 찾기

 다음 낱말과 반대되는 말끼리 이어지도록 보기에서 알맞은 낱말을 찾아 쓰세요.

보기: 가볍다 두껍다 좁다 작다 짧다 적다

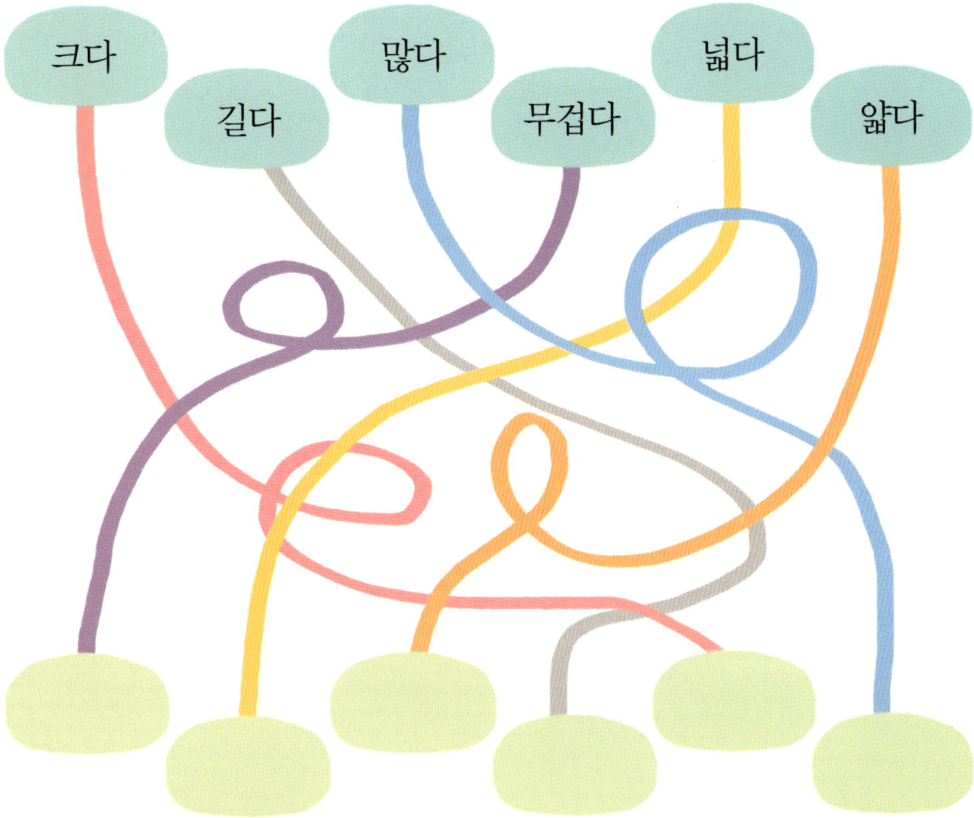

크다   길다   많다   무겁다   넓다   얇다

숨겨진 낱말을 찾아라

퍼즐에서 아는 낱말을 찾아서 가로와 세로의 선으로 묶어 보세요. 그리고 그 낱말들이 가지는 공통점이 무엇인지 퍼즐에서 찾아보세요.

스	키	동	농	태
케	운	배	구	권
이	동	드	수	도
트	경	민	영	축
화	기	턴	야	구

가로 열쇠와 세로 열쇠를 잘 읽고 빈칸에 알맞은 낱말을 써 넣으세요.

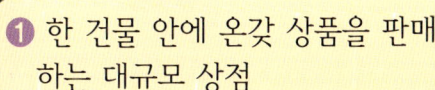

① 한 건물 안에 온갖 상품을 판매하는 대규모 상점
② 의사의 진료를 도우며 환자를 보살피는 사람
③ 땅속에서 살며, 몸은 가늘고 긴 원통형의 환형동물
④ 오래도록 친하게 사귀어 온 사람

① 우리나라의 국화
② 도로에 설치해 교통신호를 알리는 등
③ 네 사람이 꽹과리, 징, 장구, 북을 가지고 어울려 치는 음악
④ 인류가 사는 천체로 태양의 세 번째 궤도를 돌고 있음

누구랑 짝일까?

 앞글자와 뒷글자가 만나서 이루어지는 낱말을 바르게 찾아 이어보세요.

되 — 바꾸다
뒤 — 덮다
맞 — 찾다
드 — 높다
빗 — 노랗다
샛 — 나가다

속담 완성하기

 첫소리와 띄어쓰기를 살펴보고 속담 속의 동물을 알아맞혀 보세요.

보기 가는 ㅁ에 채찍질
부지런하고 성실한 사람에게 더 잘하라는 뜻

말

❶ 낮말은 ㅅ가 듣고 밤말은 ㅈ가 듣는다.
아무도 안 듣는 데에서도 말은 조심하여야 한다는 말

❷ 똥 묻은 ㄱ가 겨 묻은 ㄱ 나무란다.
자신의 처지도 모르고 남을 핀잔줄 때를 두고 하는 말

❸ ㄱㅈ는 ㄱ 편이라
됨됨이나 형편이 비슷하고 아는 것끼리
서로 편이 되어 어울리고 사정을 봐 준다는 말

❹ ㄲ 대신 ㄷ
자기가 쓰려는 것이 없을 때, 그와 비슷한 것으로
대신 쓸 수도 있다는 말

떠오르는 낱말 잇기

 와 같이 떠오르는 낱말을 계속 이어가며 낱말 잇기를 해 보세요.

 눈사람 ➡ 의사 ➡ 간호사 ➡ 주사 ➡ 약 ➡ 기침

오징어

색종이

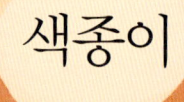

소리 나는 대로 쓰기

 다음 낱말의 정확한 발음을 찾아 ○표하세요.

❶ 얼굴이 그리 밝지 않았습니다.
　　　[박찌]　　[발찌]

❷ 밭에 가서 배추를 뽑았습니다.
　　[바테]　　[바체]

❸ 계단에서 넘어져 무릎을 다쳤습니다.
　　　　[무르블]　　[무르플]

❹ 지난번에 먹은 약은 효과가 좋았습니다.
　　　　　[효꽈]　　[효과]

❺ 스승의 날 지난해 담임선생님을 찾아갔습니다.
　　　　　[다밈]　　[다님]

❻ 가을이 되자 나뭇잎이 하나 둘 떨어지기 시작했습니다.
　　　　[나문닙]　　[나무입]

정확하게 큰 소리로 읽기

 다음 문장을 정확하게 소리 내어 빨리 읽어보세요.

들의 콩깍지는 깐 콩깍지인가 안 깐 콩깍지인가?

중앙청 창살은 쌍창살이고 시청 창살은 외창살이다.

앞뜰에 있는 말뚝이 말 맬 말뚝이냐 말 안 맬 말뚝이냐?

저분은 백 법학박사이고 이 분은 박 법학박사이다.

저기 저 뜀틀이 내가 뜀 뜀틀인가
내가 안 뜀 뜀틀인가?

누구랑 짝일까?

 다음 낱말의 뜻을 찾아 바르게 이으세요.

① 밤이 되자 촛불이 　타고　 있었다.

㉮ 선천적으로 지니다.

② 어머니가 커피를 　타고　 있었다.

㉯ 섞어 넣다.

③ 저 사람은 음악적인 재능을 　타고　 났다.

㉰ 불꽃이 일어나다.

① 연필로 글씨를 　쓰고　 있다.

㉮ 연필로 모양을 그리다.

② 엄마는 가방을 사는데 돈을 　쓰고　 있다.

㉯ 음식의 맛

③ 한약은 매우 　쓰고　 맛이 없다.

㉰ 소모하다.

어떤 말이 맞을까?

 다음 문장의 빈칸에 들어갈 알맞은 말을 보기에서 찾아 쓰세요.

 가르쳤다   가리켰다   맞히다   맞추다

❶ 선생님이 학생들을 _____.

가르치다 는 지식이나 기능을 깨닫거나 익히게 한다는 뜻이고, 가리키다 는 어떤 방향을 말하거나 알린다는 뜻입니다.

❷ 손가락으로 산꼭대기를 _____.

❸ 버릇을 제대로 _____.

❶ 수수께끼의 정답을 _____.

맞히다 는 문제에 대한 답이 틀리지 아니하다는 뜻이고, 맞추다 는 서로 떨어져 있는 부분을 제자리에 맞게 대어 붙인다는 뜻입니다.

❷ 퍼즐 조각을 _____.

이어주는 말 넣기

 다음 두 문장을 알맞게 이어주는 말을 보기에서 찾아 쓰세요.

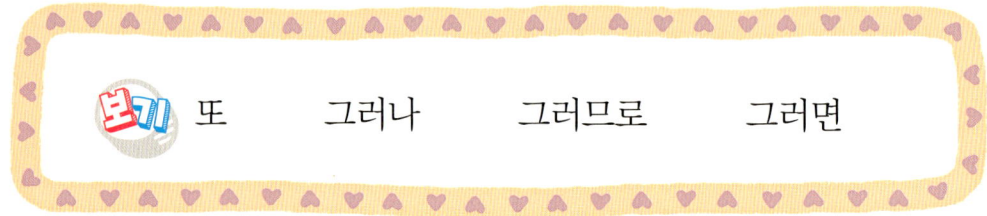
보기   또   그러나   그러므로   그러면

① 내일 비가 올지도 모른다. ☐ 운동회가 연기될 것이다.

② 나는 내 동생과 잘 놀아. ☐ 네 동생과도 잘 놀 수 있어.

③ 낮에는 따뜻해요. ☐ 밤에는 매우 춥지요.

④ 과일에는 사과, 바나나가 있어. ☐ 복숭아, 감도 있지.

⑤ 이 길로 쭉 가세요. ☐ 노란 지붕의 이층집이 보일 거예요.

속담 완성하기

 다음 속담에 들어갈 알맞은 낱말을 **보기**에서 찾아 쓰세요.

보기 도끼   등잔   외양간   지붕

❶ 소 잃고 □□□ 고친다.
준비를 소홀히 하다가 실패한 후에야 후회하고 뒤늦게 수습을 한다는 말

❷ 닭 쫓던 개 □□ 쳐다보듯 한다.
하려고 애쓰던 일이 실패로 돌아가거나 같이 애를 쓰다가 남에게 뒤떨어져 어찌할 도리가 없이 민망할 때를 이르는 말

❸ 믿는 □□에 발등 찍힌다.
잘되리라고 믿고 있던 일이 어긋나거나 믿고 있던 사람이 배반하여 오히려 해를 입는다는 말

❹ □□ 밑이 어둡다.
등잔 밑이 어두운 것처럼 오히려 너무 가까운 곳에서 생긴 일을 상당히 먼 곳에서 벌어진 일보다 잘 모른다는 말

뒤죽박죽 이야기

시우가 아이들 앞에서 '앞을 보지 못하는 사람의 등불' 이야기를 시작했다.

"어떤 젊은이가 길을 가고 있었어요. 그러나 깜깜한 밤이었어요. 또, 젊은이는 더듬더듬 걸어갔지요. 왜냐하면, 맞은편에서 등불을 든 사람이 나타났어요."

아이들은 시우의 말이 잘 이해되지 않는 듯 고개를 갸웃거리기 시작했다. 시우의 이야기는 계속 이어졌다.

"그래서 그 사람은 한 손에 지팡이로 땅을 더듬거리며 걷는 시각 장애인 노인이었지요. 또, 젊은이는 노인에게 앞을 보지 못하는데 등불은 왜 들고 다니느냐고 물었어요. 하지만 노인은 다른 사람들을 위해 들고 다닌다고 했지요."

이어주는 말로 자기 생각을 자연스럽게 전달해요!
이어주는 말은 문장과 문장을 이어주는 구실을 해요. 문장과 문장 사이에 이어주는 말이 있으면 문장의 연결 관계가 분명해지지요. 그래서 이어주는 말을 잘 사용하면 자기의 생각을 자연스럽게 전달할 수 있어요. 그뿐만 아니라 글이나 말 전체의 내용을 쉽게 이해하고 정리할 수 있게 되지요. 따라서 글을 쓰고 나서는 소리 내어 읽으며, 이어주는 말을 다시 한 번 살펴보는 습관을 들이는 것이 좋답니다.

아이들이 무슨 이야기인지 모르겠다며 웅성거리자 시우의 얼굴이 빨개지고 말았다.

그러자 선생님이 나섰다.

"내용은 순서대로 잘 이야기했어요. 그런데 이어주는 말 때문에 뒤죽박죽 이야기가 되어버렸군요."

선생님이 다시 이야기를 해주었다

"한 젊은이가 어두운 길에서 등불을 들고 있는 앞을 보지 못하는 노인을 만났어요. 그래서 그 까닭을 물었지요. 그랬더니 노인은 다른 사람들을 위해 들고 다닌다고 했어요. 왜냐하면, 등불 때문에 다른 사람이 자신을 볼 수 있어 부딪히지 않을 수 있다고 했지요."

그제야 아이들은 고개를 끄덕거렸다.

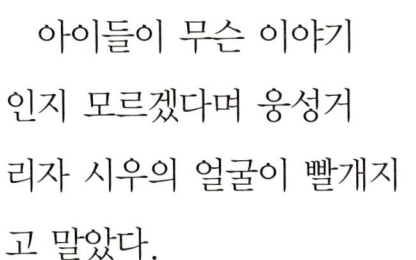

숨겨진 낱말을 찾아라

보기처럼 다음 낱말들 앞에 어떤 글자가 들어가는지 생각하여 낱말을 만들어 보세요.

반대되는 말 찾기

 다음 낱말과 반대되는 말끼리 이어지도록 보기에서 알맞은 낱말을 찾아 쓰세요.

보기
녹다   더럽다   서다
조용하다   죽다   어둡다

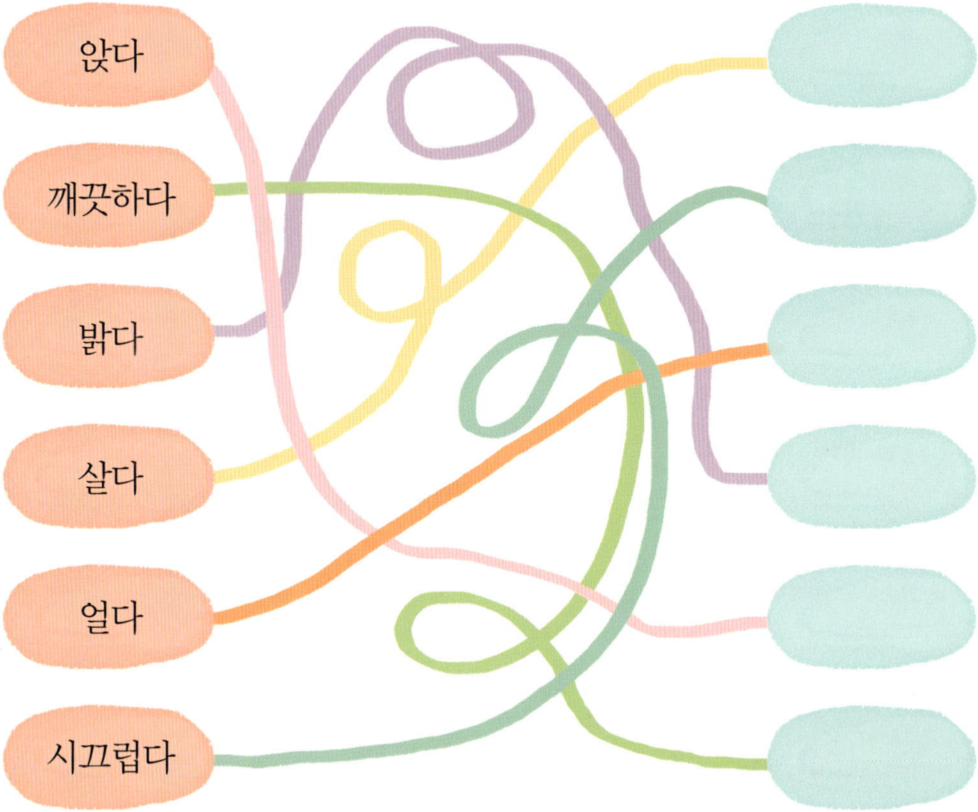

- 앉다
- 깨끗하다
- 밝다
- 살다
- 얼다
- 시끄럽다

어떤 말이 맞을까?

 같은 뜻이지만 상대에 따라 예사말과 높임말을 다르게 써야 합니다. 다음 문장에서 알맞은 말에 ○표하세요.

❶ 우리 집 / 댁 에 가서 놀자.
　우리 할아버지 집 / 댁 에 가서 놀자.

❷ 친구에게 생일 / 생신 선물을 주었다 / 드렸다.
　할아버지께 생일 / 생신 선물을 주었다 / 드렸다.

❸ 어제 시장가는 길에 친구를 만났다 / 뵈었다.
　어제 시장가는 길에 선생님을 만났다 / 뵈었다.

❹ 동생이 아프다 / 편찮으시다.
　엄마가 아프다 / 편찮으시다.

❺ 다음에는 친구를 데리고 / 모시고 오너라.
　다음에는 할아버지를 데리고 / 모시고 오너라.

떠오르는 낱말 넣기

보기와 같이 주어진 낱말의 종류를 생각하며 빈칸에 알맞은 낱말을 쓰세요.

> **보기**
> 꽃 — 무궁화 장미 민들레
>   해바라기 채송화 개나리

① 산

② 곤충

③ 음식

이야기 완성하기

 다음 이야기를 읽고 빈칸에 알맞은 흉내 내는 말을 에서 찾아 쓰세요.

   갸웃갸웃   넙죽   바들바들
       벌렁벌렁   설레설레   흑흑

산골에 살던 한 나무꾼이 나무를 하러 갔다가 호랑이를 만났어요.

호랑이가 나무꾼을 노려보자, 나무꾼은 심장이 _____ 거렸지요.

나무꾼은 호랑이 앞에 _____ 엎드리며 큰 소리로 외쳤어요.

"어이구, 형님!"

그 모습에 호랑이가 고개를 _____ 거렸어요.

"넌 사람이고 난 호랑인데, 어찌 내가 네 형이란 말이냐?"

나무꾼은 _____ 떨면서 말을 하기 시작했어요.

"형님, 형님은 오래전에 나무를 하러 갔다가 호랑이로 변한 뒤 집에 돌아오지 않으셨어요. 어머님께서는 지금도 밤낮으로 형님을 기다리며 울고 계신답니다."

호랑이는 나무꾼이 _____ 울며 말하자 깜빡 속아 넘어갔어요.

"내가 사람이었다고? 나를 기다리는 어머니가 계셨다니……."

호랑이의 눈에도 눈물이 맺혔어요.

"형님, 저와 함께 집에 갑시다. 그러면 어머니께서 좋아하실 거예요."

나무꾼의 말에 호랑이는 고개를 _____ 저었어요.

"아니다. 이런 짐승의 모습으로 어찌 어머니를 뵌단 말이냐. 내가 보름에 한 번씩 멧돼지를 잡아줄 테니 네가 어머님을 더욱 잘 보살펴 드리도록 해라."

그렇게 해서 나무꾼은 겨우 목숨을 건져 집으로 돌아올 수 있었어요.

다른 말 같은 뜻 찾기

 다음 두 문장의 뜻이 같아지도록 빈칸에 들어갈 알맞은 말을 보기에서 찾아 쓰세요.

 거리   생각   머리카락   목소리   시간   자리

❶ 목이 좋다.   ➡ _____ 가 좋다.

목을 가다듬다.   ➡ _____ 를 가다듬다.

❷ 친구 사이에 틈이 생기다.   ➡ 친구 사이에 _____ 가 생기다.

놀 틈이 없다.   ➡ _____ 이 없다.

❸ 머리를 깎았다.   ➡ _____ 을 깎았다.

머리가 굳다.   ➡ _____ 이 단단하게 자리잡다.

속담 완성하기

 첫소리와 띄어쓰기를 살펴보고 속담 속의 동물들을 알아맞혀 보세요.

❶ ㄱㄱㄹ 올챙이 적 생각을 못한다.
자기의 지위가 높아지면 전날의 미천하던 때의 생각을 못한다는 말

❷ 고래 싸움에 ㅅㅇ 등 터진다.
힘센 사람들끼리 싸우는 통에 공연히 약한 사람이 그 사이에 끼여 아무 관계 없이 해를 입을 때 쓰는 말

❸ ㄲㅁㄱ 날자 배 떨어진다.
아무 관계 없이 한 일이 공교롭게도 다른 일과 때를 같이 하여 둘 사이와 무슨 관계라도 있는 듯한 의심을 받을 때 쓰는 말

❹ 못된 ㅅㅇㅈ 엉덩이에 뿔난다.
되지 못한 사람이 건방지고 좋지 못한 짓을 한다는 말

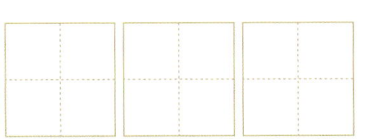

숨겨진 낱말을 찾아라

가로와 세로의 낱말을 살펴보며 퍼즐 빈칸에 들어갈 알맞은 글자를 찾아 새로운 낱말을 만들어 보세요.

☐☐☐☐

	이	스	크	림
주		행	기	
머	눗		리	띠
니	방	물		영
	울		박	

가로 열쇠와 세로 열쇠를 잘 읽고 빈칸에 알맞은 낱말을 써 넣으세요.

① 피부에 관한 질병을 치료하는 병원
② ○○○도 나무에서 떨어진다.
③ 시각을 나타내는 기계
④ 날씨의 변화를 미리 짐작하여 알리는 일

① 과일나무를 재배하는 시설
② 우물에서 ○○ 찾는다.
③ 계산을 정확하고 빠르게 하기 위해 만든 기기
④ 바람을 쐬기 위해 멀지 않은 곳을 천천히 걷는 것

원인과 결과 찾기

 일이 일어난 원인과 결과가 자연스럽게 연결되도록 이으세요.

❶ 청소하지 않았다. •   ㉮ 감기에 걸렸다.

❷ 엄마에게 꾸중을 들었다. •   ㉯ 넘어졌다.

❸ 그림 그리기 대회에 나갔다. •   ㉰ 눈물이 났다.

❹ 다리를 다쳤다. •   ㉱ 방이 지저분해졌다.

❺ 아침을 먹지 않았다. •   ㉲ 배가 고팠다.

❻ 길이 미끄러웠다. •   ㉳ 병원에 갔다.

❼ 이불을 덮지 않고 잤다. •   ㉴ 상장을 받았다.

바르게 고쳐 쓰기

 다음 낱말을 바르게 고쳐 쓰세요.

❶ 엄마가 우스시면서 말씀하셨습니다.

❷ 시골 가는 길에 차가 마니 막혔습니다.

❸ 날씨가 아주 조았습니다.

❹ 지난 여르메 해수욕장에 갔습니다.

❺ 형과 가치 운동장에서 띠어 놀았습니다.

문장 만들기

 선을 연결하여 한 문장을 만들어 보세요.

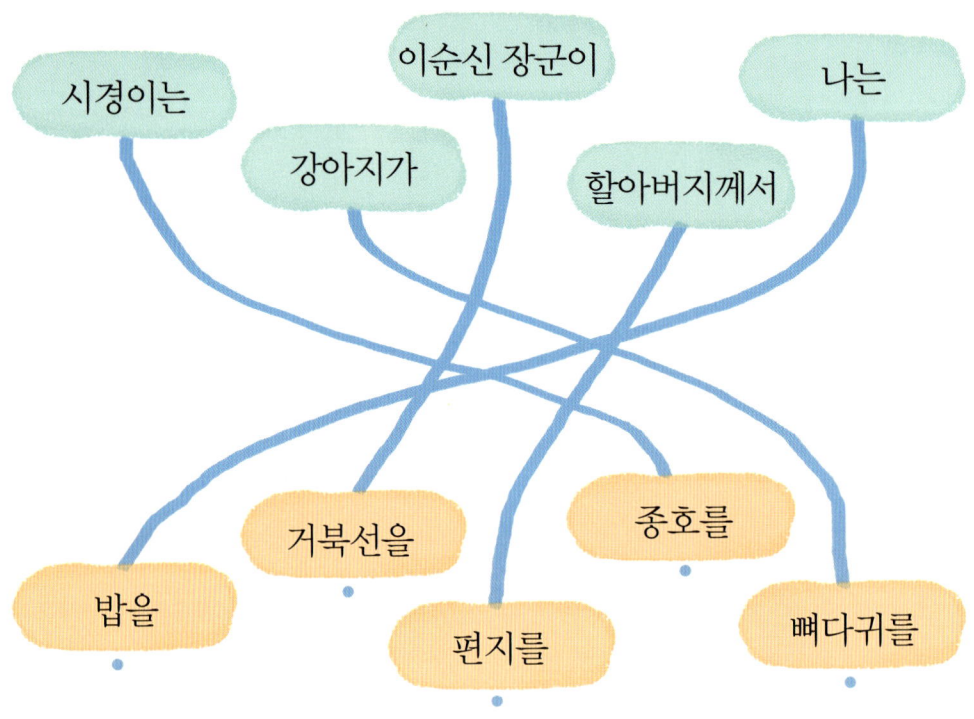

다음 주어진 두 낱말을 이용해 <보기>와 같이 짧은 문장을 만들어 보세요 (순서가 바뀌어도 좋아요).

① 나무 책상 ➡

② 옷 물감 ➡

③ 꾀병 학교 ➡

④ 딱지 어머니 ➡

원인은 무엇일까?

현서가 씩씩거리며 선생님에게 왔다. 그 뒤를 따라 시우가 고개를 숙인 채 들어왔다.
"왜? 너희 싸웠니?"
"그게 아니라 시우가 제 사탕을 땅에 떨어뜨렸어요."
현서가 짜증 나는 목소리로 말했다.
"시우 너는 왜 사탕을 떨어뜨렸니?"
"현서가 사탕을 먹으려고 하기에 빼앗으려다가 그만……"
시우가 기어들어가는 목소리로 말했다.
"그런데 현서 너는 왜 사탕을 가지고 있었니?"
"선생님께서 사탕을 주셔서 제가 가지고 있었어요."
선생님의 물음에 현서가 대답했다.
"내가 왜 현서에게 사탕을 줬지?"

원인과 결과로 꼬리잇기를 해요!
어떤 일이 일어나게 된 이유를 '원인'이라고 해요. 그리고 원인 때문에 일어난 일을 '결과'라고 하지요. 그런데 '결과'는 또 다른 일의 '원인'이 될 수 있어요. '공부를 잘해서 아버지께 칭찬을 받았습니다. 칭찬을 받아서 내 기분이 좋아졌습니다. 내 기분이 좋아져서 얼굴에 웃음꽃이 피었습니다.' 하며 원인과 결과로 말꼬리잇기를 하다 보면 좀 더 쉽게 원인과 결과를 이해할 수 있답니다.

"수업 시간에 발표를 잘한다고 선생님께서 사탕을 주셨잖아요."
현서 대신 시우가 나서며 대답했다.
"그랬나? 그렇다면 사탕을 준 내가 잘못한 거네?"
"아니에요. 수업 시간에 발표를 잘한 현서에게 원인이 있는 거 아닌가요?"
선생님이 잘못했다고 하자 시우가 손사래를 치며 말했다.
"그런가? 그러면 현서 네가 원인이 되어서 네가 화가 난 거네?"
"말이 그렇게 되는 건가요?"
선생님의 말에 현서가 고개를 갸웃거렸다. 그러자 선생님과 시우가 크게 웃었다.

높임말 바로 읽기

 같은 뜻이지만 상대에 따라 예사말과 높임말을 다르게 써야 해요. 다음 편지에서 잘못된 말을 바르게 고쳐 읽어 보세요.

선생님에게

안녕하세요. 나는 시우입니다.

지난번에 내가 발표할 때 칭찬해주셔서 기분이 좋았습니다. 그리고 나의 생신에 연필을 선물로 주셔서 너무 감사합니다.

그래서 내가 크면 선생님 생일 선물을 해 드리겠습니다.

그런데 선생님 나이가 궁금합니다. 몇 살이신가요?

오늘 기침을 하시던데, 과일 많이 먹고 푹 자기 바랍니다. 내일은 건강한 모습으로 볼 수 있었으면 좋겠습니다.

잘 계십시오.

○○년 ○월 ○일

박시우 씀

바르게 고쳐 쓰기

 다음 낱말을 바르게 고쳐 쓰세요.

❶ 나무뿌리에 걸려 너머지고 말았습니다.

❷ 평소에 이를 깨그치 닦아야 합니다.

❸ 집에 오자마자 숙제를 끈냈습니다.

❹ 지구는 외 둥근지 궁금했습니다.

❺ 의자에 안자서 꾸벅꾸벅 졸았습니다.

숨겨진 낱말을 찾아라

 가로 열쇠와 세로 열쇠를 잘 읽고 빈칸에 알맞은 낱말을 써 넣으세요.

가로
1. 쇠갈비를 푹 고아 만든 탕
2. 일정한 신호를 보내기 위해 입으로 불어서 소리는 내는 물건
3. 심술이 아주 많은 사람을 귀엽게 이르는 말
4. 아궁이에서 불을 때 방바닥 전체를 뜨겁게 하는 난방 장치

세로
1. 바닷가에서 끼룩끼룩 우는 새
2. 고기 튀김에 새콤한 소스를 끼얹은 중국요리
3. 새롭거나 신기한 것에 끌리는 마음
4. 공기의 온도

재미있는 말놀이

 다음은 무엇을 설명하는 말일까요?
다섯 고개를 넘으면서 알아맞혀 보세요.

첫째 고개

식물입니다.

둘째 고개

집에서도 키울 수 있습니다.

셋째 고개

가시가 있습니다.

넷째 고개

사막에서 자랍니다.

다섯째 고개

세 글자입니다.

어떤 말일까?

 다음 이야기 속의 낱말이 비슷한 말이면 ○표를, 반대말이면 △표를 하세요.

어느 마을에 늙은(젊은) 할아버지가 혼자(홀몸으로) 개를 키우며 살고 있었습니다.

할아버지는 늘(언제나) 개를 데리고 다녔습니다. 개는 무척 영리(미련)해서 사람들의 칭찬(꾸중)을 많이 들었습니다.

어느 날, 할아버지는 친구 생일잔치에 초대(초청)받았습니다. 그곳에서 술을 잔뜩 마신 할아버지는 돌아오는(가는) 길에 풀밭에 벌렁 드러누워 잠이 들고 말았습니다.

그런데 갑자기 풀밭 근처에서 불이 났습니다. 불은 세찬 바람을 타고 금세 할아버지가 누워있는 풀밭에 옮겨붙을 것 같았습니다.

"컹! 컹!"

개는 할아버지(할머니)를 깨우려고 세게 짖었습니다. 개는 할아버지의 머리를 밀기도(당기기도) 하고, 할아버지의 옷을 물고 흔들기도 했습니다. 하지만 할아버지는 꼼짝하지 않았습니다.

불길이 풀밭에 점점 가까이(근처로) 다가왔습니다. 그러자 개는 개울로 뛰어(달려) 내려갔습니다(올라갔습니다).

"첨벙!"

온몸에 물(불)을 적신 개는 할아버지의 얼굴에 몸을 비벼댔습니다. 하지만 할아버지는 깨어나지 않았습니다. 개는 다시 개울로 뛰어들어갔습니다. 그리고 온몸에 물을 적신 채 할아버지 주위에서(주변에서) 뒹굴었습니다. 풀밭은 물기에 젖어(말라) 촉촉해졌습니다.

불길이 할아버지를 에워쌌습니다. 개는 뜨거운 불길을 뚫고 다시(또) 개울에 뛰어들어 물을 묻혀와 할아버지 주위에서 뒹굴었습니다. 개의 몸은 불길에 조금씩 타기 시작했습니다.

다행히 불길이 꺼졌습니다. 순간 개는 쓰러지고 말았습니다. 한참이 지난 후, 할아버지가 눈을 떴습니다.

뒤늦게 모든 것을 알게 된 할아버지는 개를 양지바른 곳에 묻고 비석을 세워주었습니다.

떠오르는 낱말 쓰기

보기와 같이 주어진 낱말의 종류를 생각하며 빈칸에 알맞은 낱말을 쓰세요.

보기 | 색깔 | 빨강 파랑 보라 / 검정 노랑 초록

① 운동

② 물고기

③ 친척

정확하게 큰 소리로 읽기

 다음 문장을 정확하게 소리 내어 빨리 읽어보세요.

상표 붙인 큰 깡통은
깐 깡통인가? 안 깐 깡통인가?

간장 공장 공장장은 강 공장장이고,
된장공장 공장장은 장 공장장이다.

내가 그린 기린 그림은 잘 그린 기린 그림이고,
네가 그린 기린 그림은 잘못 그린 기린 그림이다.

강낭콩 옆 빈 콩깍지는 완두콩 깐 빈 콩깍지이고,
완두콩 옆 빈 콩깍지는 강낭콩 깐 빈 콩깍지이다.

소고삐 풀린 소의 고삐는 쇠가죽 소고삐이고,
말고삐 풀린 말의 고삐는 말가죽 말고삐이다.

원인과 결과 찾기

 일이 일어난 원인과 결과가 어울리는 속담을 찾아 이으세요.

❶ 콩 심은 데 콩 나고 •   　　　　㉮ 가재 잡는다.

❷ 윗물이 맑아야 •   　　　　㉯ 땅이 굳어진다.

❸ 비 온 뒤에 •   　　　　㉰ 먹기에도 좋다.

❹ 꼬리가 길면 •   　　　　㉱ 밟힌다.

❺ 까마귀 날자 •   　　　　㉲ 배 떨어진다.

❻ 도랑 치고 •   　　　　㉳ 병에는 좋다.

❼ 입에 쓴 약이 •   　　　　㉴ 아랫물이 맑다.

❽ 보기 좋은 떡이 •   　　　　㉵ 팥 심은 데 팥 난다.

다른 말 같은 뜻 찾기

다음 두 문장의 뜻이 같아지도록 빈칸에 들어갈 알맞은 말을 보기에서 찾아 쓰세요.

보기 관심   걸음   소유   시력   행동   힘

① 눈이 나쁘다.   ➡   ＿＿＿이 나쁘다.

② 다른 사람의 눈을 끈다.   ➡   다른 사람의 ＿＿＿을 끈다.

③ 발이 빠르다.   ➡   ＿＿＿이 빠르다.

④ 발을 멈추다.   ➡   ＿＿＿을 멈추다.

⑤ 우리 손으로 하자.   ➡   우리 ＿＿으로 하자.

⑥ 남의 손에 넘어갔다.   ➡   남의 ＿＿＿가 되었다.

이야기 완성하기

 이야기를 읽으며 알맞은 받침을 써 넣으세요.

황금알을 낳는 거위

예나에 한 농부가 황금알을 나느 거위를 기러스니다.

거위는 매일 화그아 하나씩을 나아스니다.

노부느 황금알을 팔아 많은 도으 버어스니다.

그런데 농부는 점점 **요시**이 **새겨스**니다.

'저 거위의 뱃속에는 황금알이 **마이 드어 이으** 거야.'

농부는 **겨구** 거위의 배를 **가라스**니다.

하지만 거위의 **배소에느** 황금알이 들어 있지 **아아스**니다.

농부는 **뒤느게** 후회했지만, 거위는 **주고 어어스**니다.

문장 만들기

 다음 빈칸에 들어갈 알맞은 말을 보기에서 찾아 쓰세요.

> 보기 글씨   달리기   동화책   비행기   엄마   연필

❶ 영희는 [   ]를 잘 쓴다.

❷ 나는 [   ]를 사랑한다.

❸ 나는 새 [   ]을 잃어버렸다.

❹ 표범은 [   ]를 잘한다.

❺ 민지는 [   ]을 읽었다.

❻ 동생이 종이로 [   ]를 접었다.

다음 주어진 세 낱말을 이용해 <보기>와 같이 짧은 문장을 만들어 보세요 (순서가 바뀌어도 좋아요).

<보기> 고래 땅 친구
➡ 고래는 땅에 사는 동물들과 친구가 되었다.

❶ 숙제 자전거 크레파스
➡

❷ 자동차 백두산 딱지치기
➡

❸ 가위 바늘 실
➡

❹ 놀이터 네모 공
➡

1장 암호를 풀어라

8 아버지, 어머니, 아기, 누나   **9** 운동장, 선생님, 친구, 교실

10　　　　　　　　　　　　　　**11**

12 땅콩, 파인애플, 귤, 수박, 밤
13 사슴, 코뿔소, 돼지, 곰, 호랑이
16 닭, 흙, 참외, 무릎, 칫솔
17 바다, 마음, 바위, 하품, 사람, 바늘, 사진, 사위

14　　　　　　　　　　　　　　**15**

18 사탕
19 ② 꾀꼬리 ③ 박쥐 ④ 반딧불 ⑤ 당나귀 ⑥ 조개
21 낟, 나치 / 압, 아프로 / 박, 바끄로 / 낟, 나시

2장 개 중에서 가장 빠른 개는?

24 경주, 거북이, 토끼, 달리기   **25** 호랑이, 할머니, 송곳, 밤, 절구, 똥

26　　　　　　　　　　　　　　**27**

28 국을 끓이다, 사과를 깎다, 낙엽을 밟다, 도둑을 쫓다
29 여덟, 주사위, 숟가락, 햇빛, 떡볶이

31 송편
32 키다리, 개나리, 비행기, 요리사
33 개, 새, 소, 곰, 잠, 파, 사슴, 사자, 가슴, 포크
34 기와집, 눈웃음, 부슬비, 새해, 밤낮, 날짐승
35 ① 어부 ② 바다 ③ 하마 ④ 세수 ⑤ 동전
36 빈, 비슬 / 숲, 수페 / 집, 지브로 / 솥, 소테 / 집, 지프로
37 ① 바늘 ② 소금 ③ 선생님 ④ 무지개 ⑤ 이불

3장 흉내 놀이 해볼까?

40 온점, 느낌표, 물음표, 반점
41 눈, 이, 입, 털, 불, 용, 양, 어부, 언니, 부리, 요리, 비누

45 ① 색 ② 길 또는 손 ③ 꽃 ④ 땀 또는 쥐 ⑤ 잔
50 깜깜한 밤[밤ː] / 사람이 하는 말[말ː]
51 ① 꼳빧, 꼳낄, 꼳따발, 꼰닙 ② 온, 온깜
　　③ 갑, 갑쓸 ④ 닥, 닥짱
52 ② 나무꾼 ③ 갑자기 ④ 볶음밥 ⑤ 떡볶이
　　⑥ 개구쟁이 ⑦ 잊어버려서 ⑧ 반듯이
53 소방차

4장 반대말이 뭘까?

56 머리, 목, 팔, 몸통, 다리   **57** 안과, 치과, 내과, 외과, 피부과, 한의원
58 걸레로 닦다, 달걀을 삶다, 의자에 앉다, 아이스크림을 핥다, 쌍둥이가 닮았다
59 부르릉, 철썩철썩 / 찰칵, 쿨쿨 / 똑똑똑, 꽈당
60 굳세다, 숨쉬다, 잡아먹다, 앞서다, 돌아가다
61 ① 까마귀 ② 독수리 ③ 초인종 ④ 장난감 ⑤ 물놀이
64 강아지
65 백설공주, 팥죽할머니와 호랑이, 토끼와 거북, 흥부와 놀부
66 늘-언제나, 다짐-결심, 달걀-계란, 동생-아우, 서점-책방, 얼른-빨리, 장만-마련, 추석-한가위
67 바닥 닦는 솔[솔ː], 몸이 아픈 병[병ː], 문에 거는 발[발ː], 고구마를 굽다[굽ː따]
68 덥따, 마덥따 / 닥따, 싸이다 / 나은, 시러도 / 넉씨, 가버치 / 생년필, 부억
69 ① 예쁜 ② 바람 ③ 베개 ④ 해님 ⑤ 새워서 ⑥ 찌개 ⑦ 껍데기 ⑧ 짖는

5장 거무스레하다는 게 무슨 뜻일까?

72 있었던 일, 날씨, 그림, 요일, 날짜

73

74

75
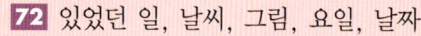

78 굽히다-숙이다, 당기다-끌다, 만나다-마주치다, 합치다-모으다
79 시계
82 ①-다 ②-나 ③-가   ①-나 ②-가

30

31 송편

32 키다리, 개나리, 비행기, 요리사

33 개, 새, 소, 곰, 잠, 파, 사슴, 사자, 가슴, 포크

34 기와집, 눈웃음, 부슬비, 새해, 밤낮, 날짐승

35 ① 어부 ② 바다 ③ 하마 ④ 세수 ⑤ 동전

36 빈, 비슬 / 숩, 수페 / 집, 지브로 / 손, 소테 / 집, 지프로

37 ① 바늘 ② 소금 ③ 선생님 ④ 무지개 ⑤ 이불

3장 흉내 놀이 해볼까?

40 온점, 느낌표, 물음표, 반점

41 눈, 이, 입, 털, 불, 용, 양, 어부, 언니, 부리, 요리, 비누

42 43

44

48

45 ① 색 ② 길 또는 손 ③ 꽃 ④ 땀 또는 쥐 ⑤ 잔

50 깜깜한 밤[밤:] / 사람이 하는 말[말:]

51 ① 꼳빤, 꼳낄, 꼳따발, 꼰닙 ② 온, 온깜
③ 갑, 갑쓸 ④ 닥, 닥짱

52 ② 나무꾼 ③ 갑자기 ④ 볶음밥 ⑤ 떡볶이
⑥ 개구쟁이 ⑦ 잊어버려서 ⑧ 반듯이

53 소방차

4장 반대말이 뭘까?

56 머리, 목, 팔, 몸통, 다리   **57** 안과, 치과, 내과, 외과, 피부과, 한의원
58 걸레로 닦다, 달걀을 삶다, 의자에 앉다, 아이스크림을 핥다, 쌍둥이가 닮았다
59 부르릉, 철썩철썩 / 찰칵, 쿨쿨 / 똑똑똑, 쾅당
60 굳세다, 숨쉬다, 잡아먹다, 앞서다, 돌아가다
61 ① 까마귀 ② 독수리 ③ 초인종 ④ 장난감 ⑤ 물놀이
64 강아지
65 백설공주, 팥죽할머니와 호랑이, 토끼와 거북, 흥부와 놀부
66 늘−언제나, 다짐−결심, 달걀−계란, 동생−아우, 서점−책방, 얼른−빨리, 장만−마련, 추석−한가위
67 바닥 닦는 솔[솔], 몸이 아픈 병[병ː], 문에 거는 발[발ː], 고구마를 굽다[굽ː따]
68 덥따, 마덥따 / 닥따, 싸이다 / 나은, 시러도 / 넉씨, 가버치 / 생년필, 부억
69 ① 예쁜 ② 바람 ③ 베개 ④ 해님 ⑤ 새워서 ⑥ 찌개 ⑦ 껍데기 ⑧ 짖는

5장 거무스레하다는 게 무슨 뜻일까?

72 있었던 일, 날씨, 그림, 요일, 날짜
73
74
75 ① 빵 한 개를 먹었어요.
② 필통에 연필, 지우개가 들어 있어요.
78 굽히다−숙이다, 당기다−끌다, 만나다−마주치다, 합치다−모으다
79 시계
82 ①−다 ②−나 ③−가 ①−나 ②−가

83 ① 붙였습니다 ② 부쳤습니다
③ 붙였습니다 ④ 붙였습니다
⑤ 붙였습니다 ⑥ 부쳤습니다

84 ① 널버, 널피다, 널브면
② 안자, 안치다, 안즈면
③ 발바, 발피다, 밤는

6장 말놀이 동시

88 펄럭펄럭, 비틀비틀, 아장아장, 데굴데굴, 사각사각
89 간단-복잡, 대답-질문, 더하기-빼기, 먼저-나중, 왼쪽-오른쪽
90 군침, 맞대결, 날고기, 맨발, 풋과일, 왼팔
91 미운 오리 새끼, 아기돼지 삼형제, 해님과 달님, 소가 된 게으름뱅이, 벌거벗은 임금님

94 ① 맏 또는 큰 ② 들 ③ 맨 ④ 알
95 ① 복숭아 ② 목소리 ③ 도화지 ④ 옹달샘 ⑤ 선생님
98 ① 굴거, 굴근 ② 늑따, 늘거, 늘근 ③ 막따, 말거, 말근 ④ 할터, 할튼 ⑤ 절머, 절믄
100 ①-나 ②-가 ①-가 ②-나 ①-나 ②-가
101 ① 작다 ② 작다 ③ 적다 ④ 적다 ⑤ 작다 ⑥ 적다

7장 나랑 놀아요? 저랑 놀아요?

104 ① 뚝딱뚝딱 ② 포동포동 ③ 야옹야옹 ④ 쌩쌩 ⑤ 파릇파릇 ⑥ 훌쩍훌쩍
105 바다-육지, 부모-자식, 불행-행복, 젊다-늙다, 칭찬-꾸중, 파괴-건설
106 나이-연세, 말-말씀, 밥-진지, 생일-생신, 이름-성함, 집-댁
107 먹다-잡수시다, 묻다-여쭈다, 아프다-편찮다, 있다-계시다, 자다-주무시다, 주다-드리다

113 ① 계란 ② 구슬 ③ 바늘 ④ 도둑
114 ① 워료일 ② 교과서 ③ 깨끄시 ④ 여덜 ⑤ 흘글 ⑥ 고파기
116 ① 달라 ② 달라 ③ 틀려 ④ 달라 ⑤ 달라 ⑥ 틀려
117 ① 그래서 ② 왜냐하면 ③ 하지만 ④ 그리고 ⑤ 하지만

8장 소리 나는 대로 받아쓰기

120 ① 무럭무럭 ② 찍찍 ③ 날름날름 ④ 꼴깍꼴깍 ⑤ 말랑말랑 ⑥ 살랑살랑
121 크다-작다, 길다-짧다, 많다-적다, 무겁다-가볍다, 넓다-좁다, 얇다-두껍다

124 되찾다, 뒤덮다, 맞바꾸다, 드높다, 빗나가다, 샛노랗다
125 ① 새, 쥐 ② 개, 개 ③ 가재, 게 ④ 꿩, 닭
128 ① 박찌 ② 바테 ③ 무르플 ④ 효과 ⑤ 다밈 ⑥ 나문닙
130 ①-다 ②-나 ③-가 ①-가 ②-다 ③-나
131 ① 가르쳤다 ② 가리켰다 ③ 가르쳤다 ① 맞히다 ② 맞추다
132 ① 그러면 ② 그러므로 ③ 그러나 ④ 또 ⑤ 그러면
133 ① 외양간 ② 지붕 ③ 도끼 ④ 등잔

9장 뒤죽박죽 이야기

136 ❶ 꾸러기 ❷ 둥이 ❸ 맞다
137 앉다–서다, 깨끗하다–더럽다, 밝다–어둡다, 살다–죽다, 얼다–녹다, 시끄럽다–조용하다
138 ❶ 집, 댁 ❷ 생일, 주었다 / 생신, 드렸다 ❸ 만났다, 뵈었다 ❹ 아프다, 편찮으시다
　　　❺ 데리고, 모시고
140 벌렁벌렁, 넙죽, 갸웃갸웃, 바들바들, 흑흑, 설레설레
142 ❶ 자리, 목소리 ❷ 거리, 시간 ❸ 머리카락, 생각

144
145

143 ❶ 개구리 ❷ 새우 ❸ 까마귀 ❹ 송아지
146 ❶–라 ❷–다 ❸–사 ❹–바 ❺–마 ❻–나 ❼–가
147 ❶ 웃으시면서 ❷ 많이 ❸ 좋았습니다 ❹ 여름에 ❺ 같이, 뛰어
148 시경이는 종호를 좋아한다. / 강아지가 뼈다귀를 물었다. / 이순신 장군이 거북선을 만들었다. 할아버지께서 편지를 쓰셨다. / 나는 밥을 먹는다.

10장 원인은 무엇일까?

152 께 / 저는 / 제가 / 저의 생일 / 제가, 생신, 연세, 세 / 드시고, 주무시기 / 뵐 / 안녕히 / 올림
153 ❶ 넘어지고 ❷ 깨끗이 ❸ 끝냈습니다 ❹ 왜 ❺ 앉아서

154

155 선인장
156 △, ○, ○, △, △, ○, △, △, △, ○, ○, △, △, ○, △, ○
160 ❶–아 ❷–사 ❸–나 ❹–라 ❺–마 ❻–가 ❼–바 ❽–다
161 ❶ 시력 ❷ 관심 ❸ 행동 ❹ 걸음 ❺ 힘 ❻ 소유
162 옛날에, 낳는, 길렀습니다 / 황금알, 낳았습니다 /
　　　농부는, 돈을 벌었습니다 / 욕심이 생겼습니다 /
　　　많이 들어 있을 / 결국, 갈랐습니다 /
　　　뱃속에는, 않았습니다 / 뒤늦게, 죽고 없었습니다
164 ❶ 글씨 ❷ 엄마 ❸ 연필 ❹ 달리기 ❺ 동화책 ❻ 비행기